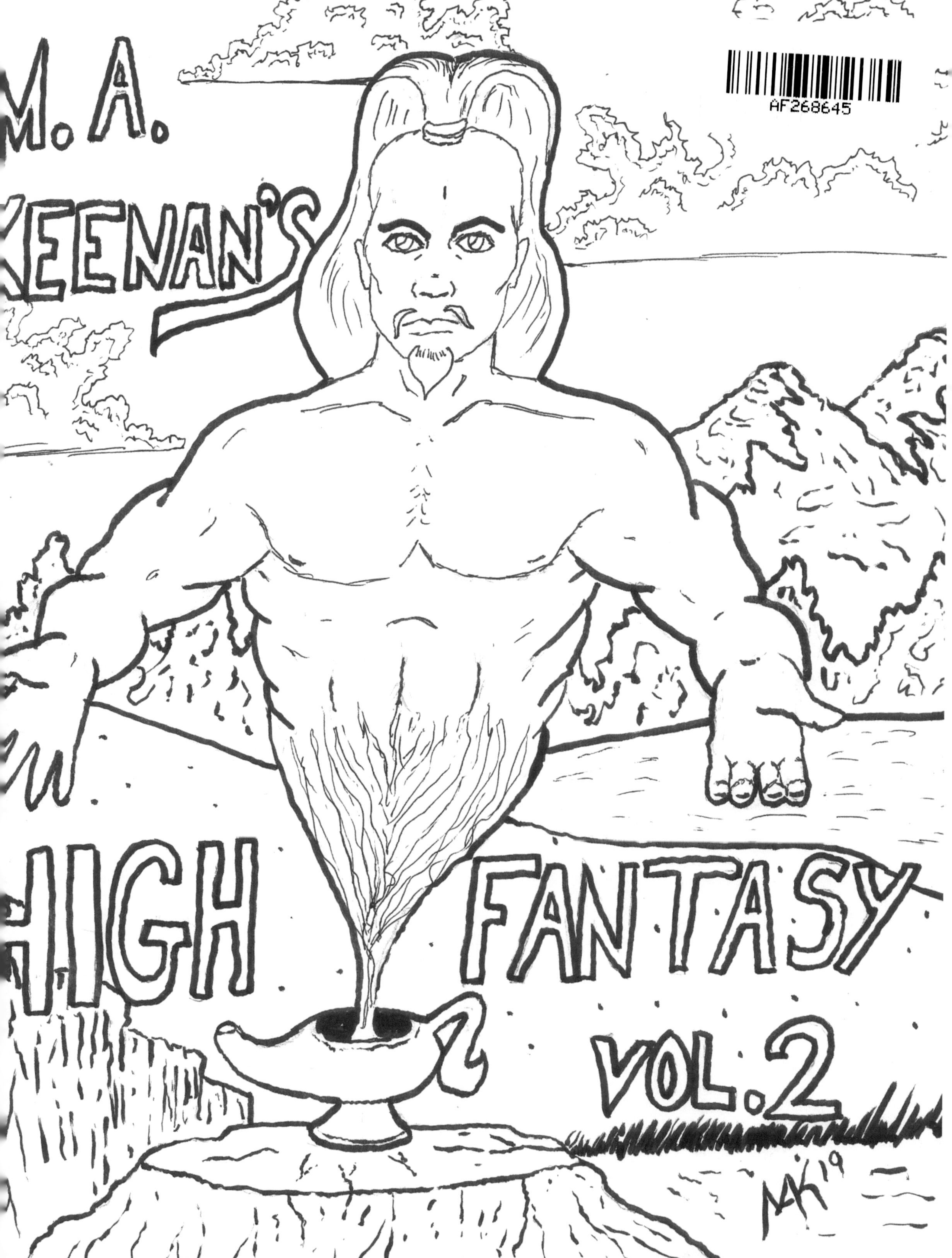

M. A.
KEENAN'S
AF268645
HIGH
FANTASY
VOL. 2
MK '19

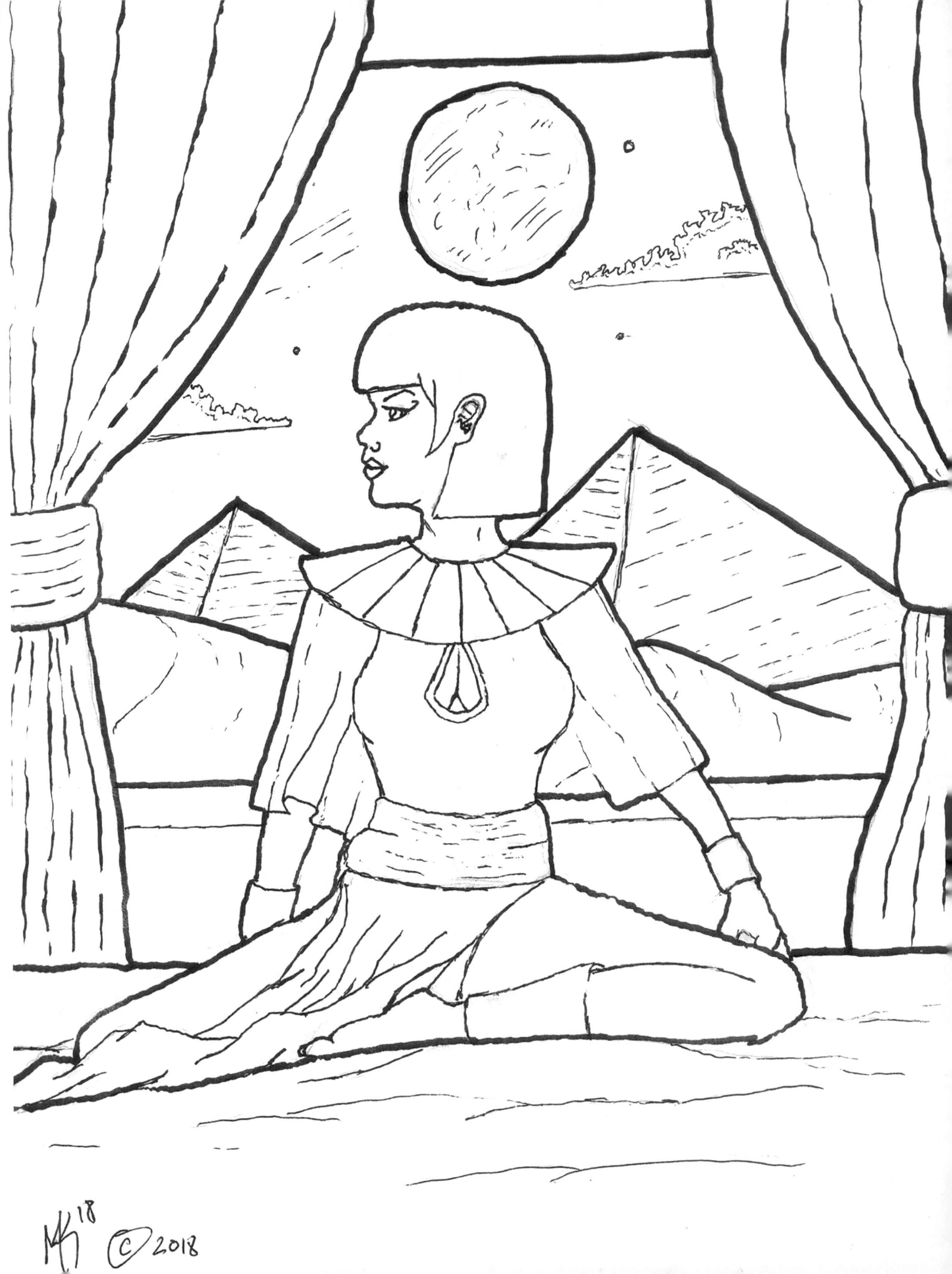
MH '18
© 2018

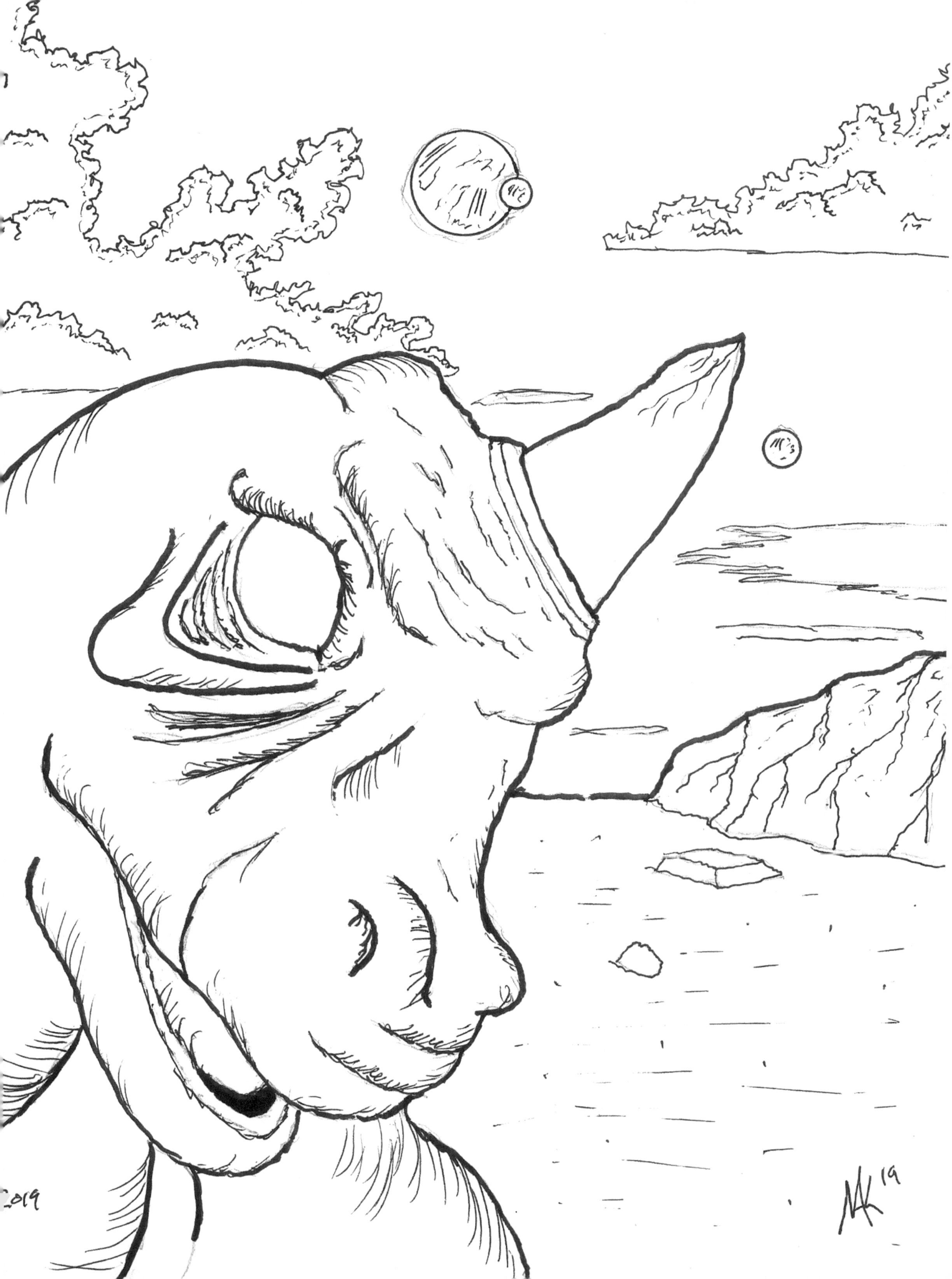

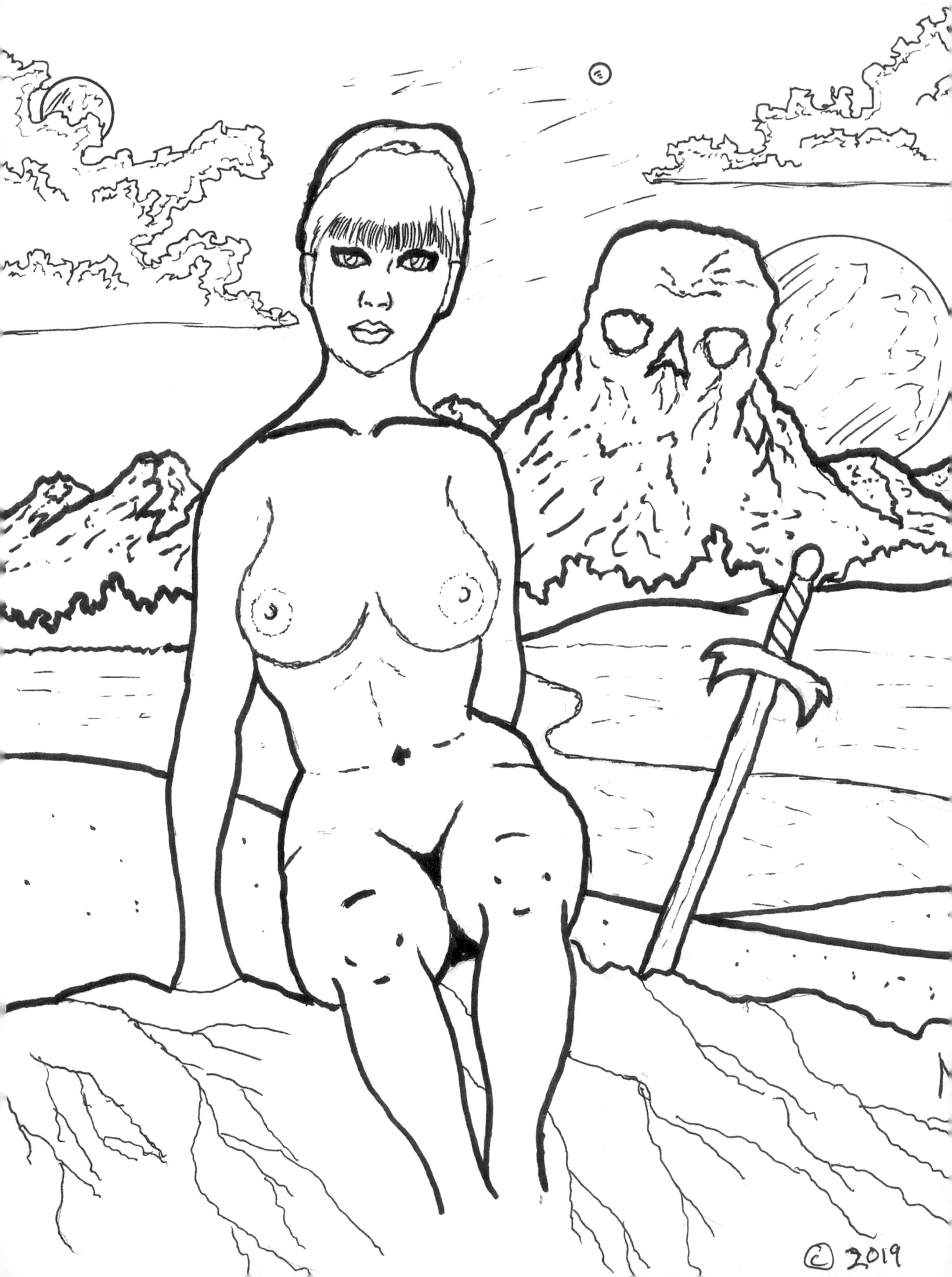

© 2019

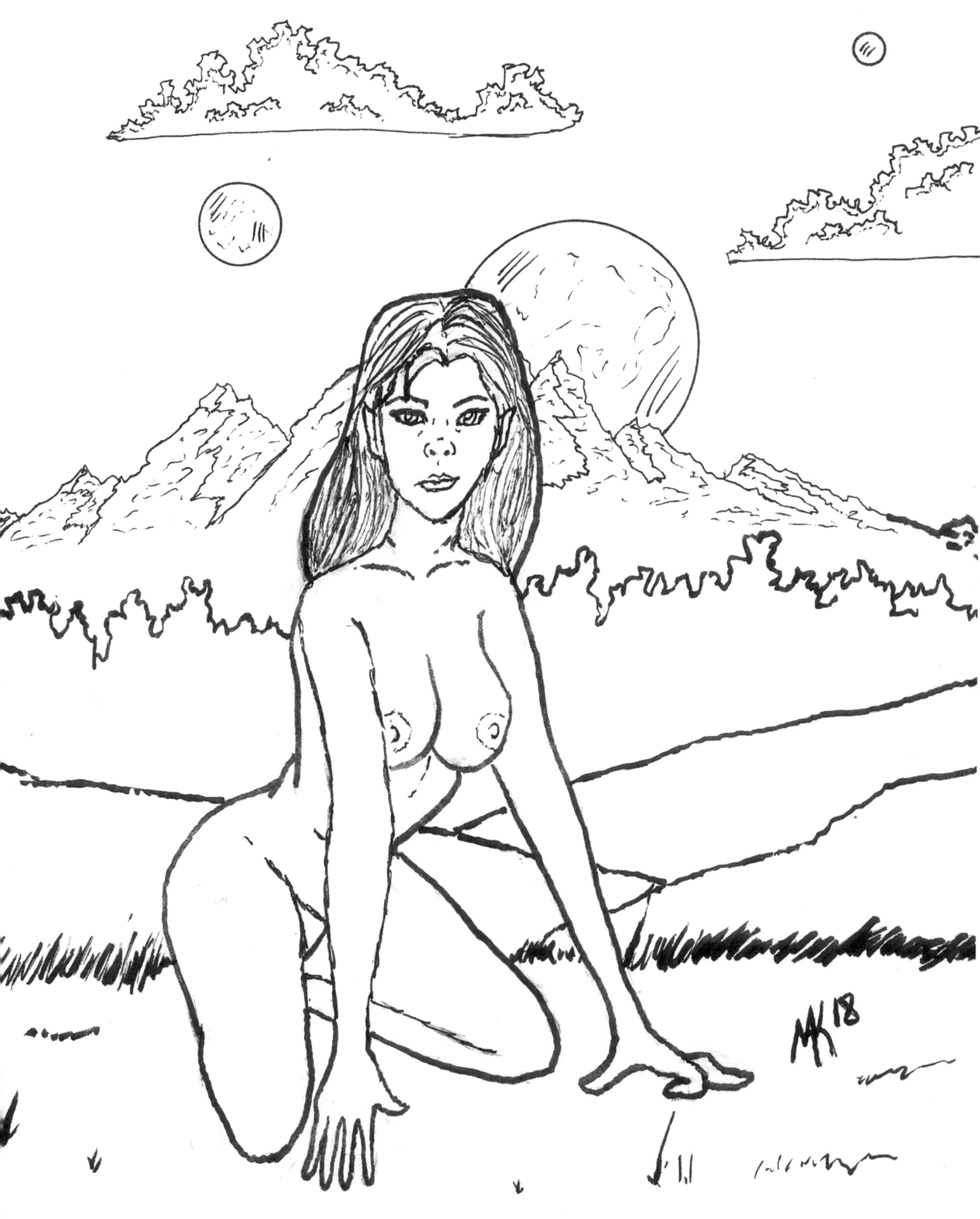

MK '18
© 2018

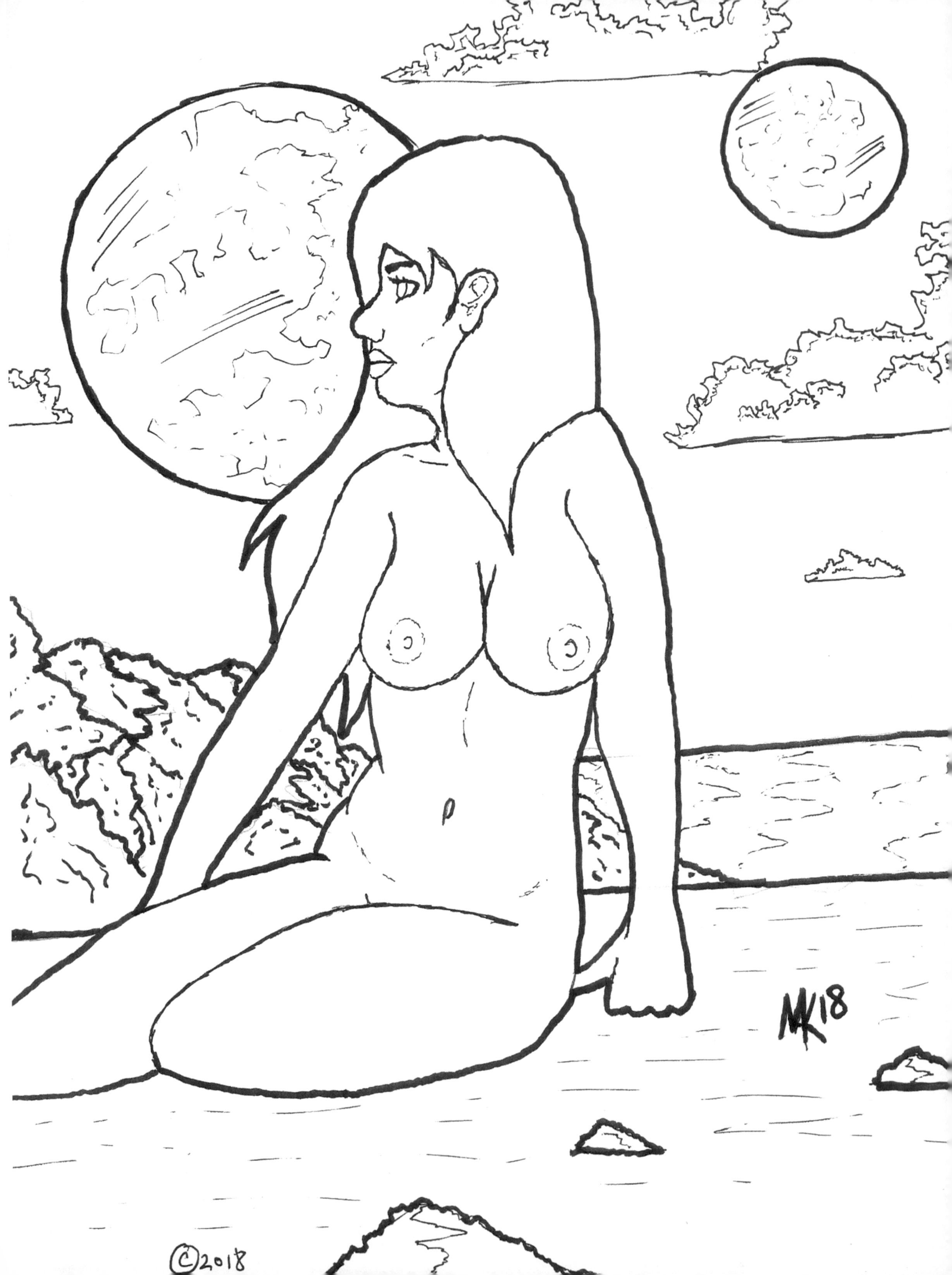
MK18
©2018

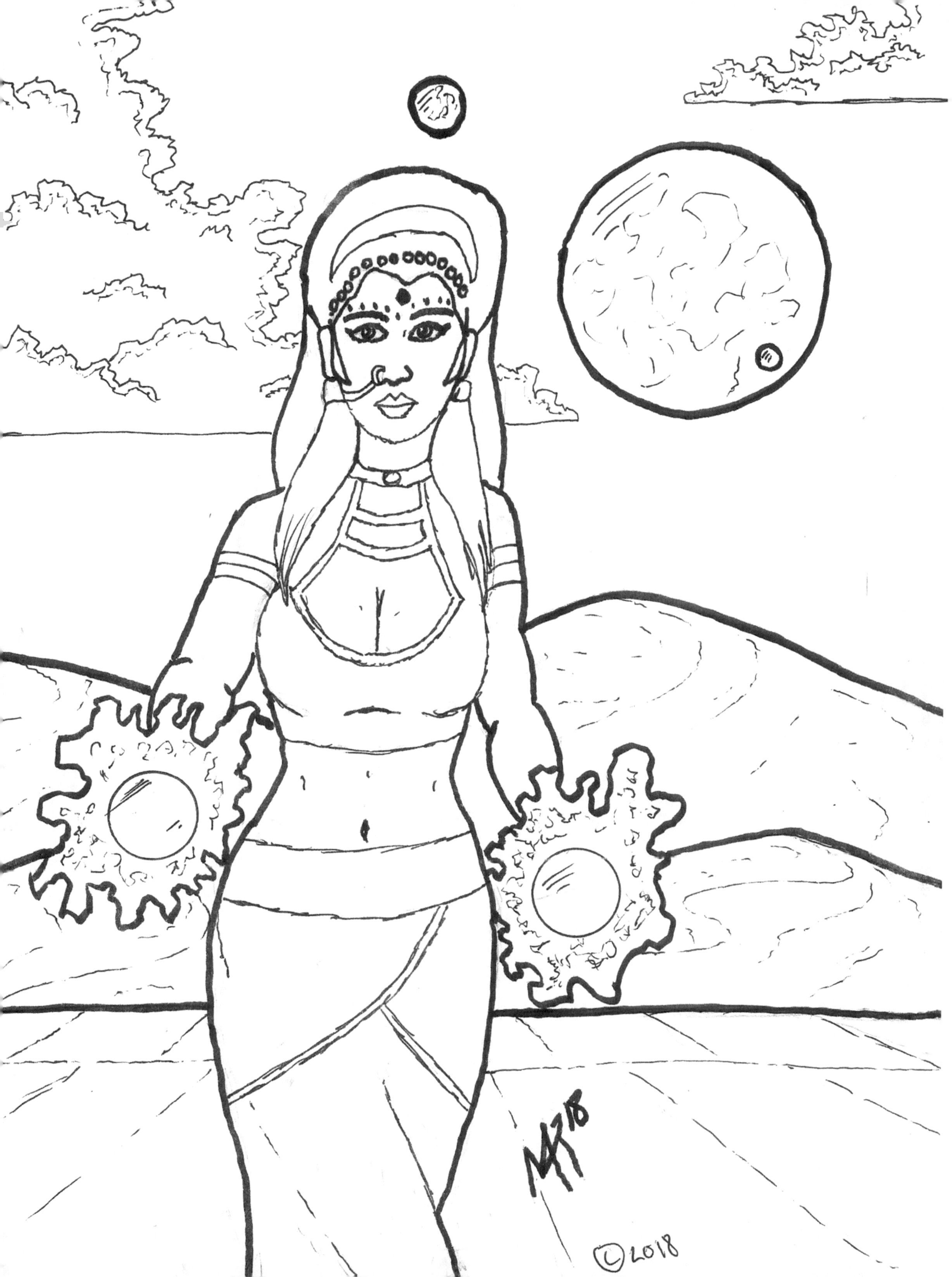

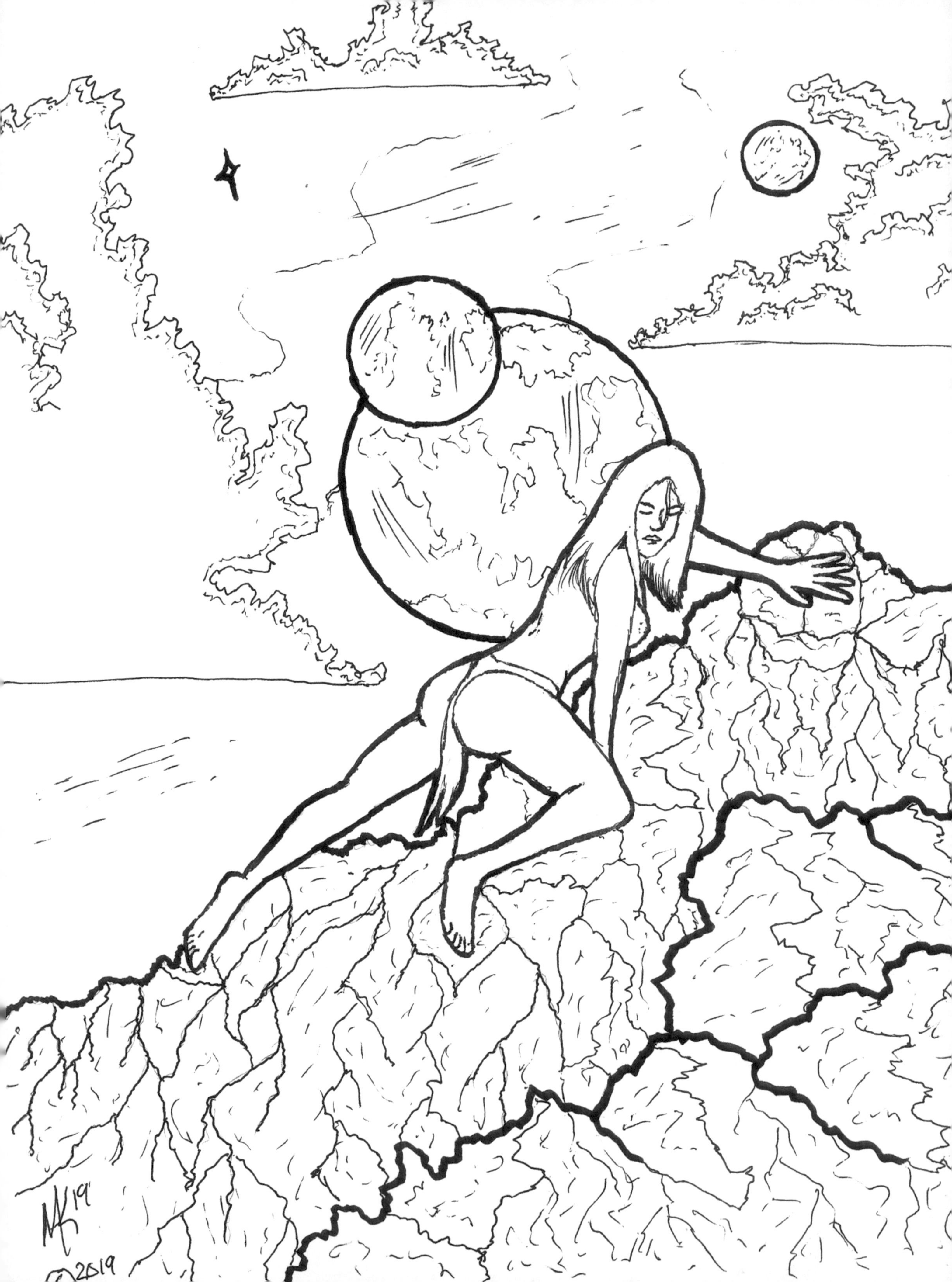

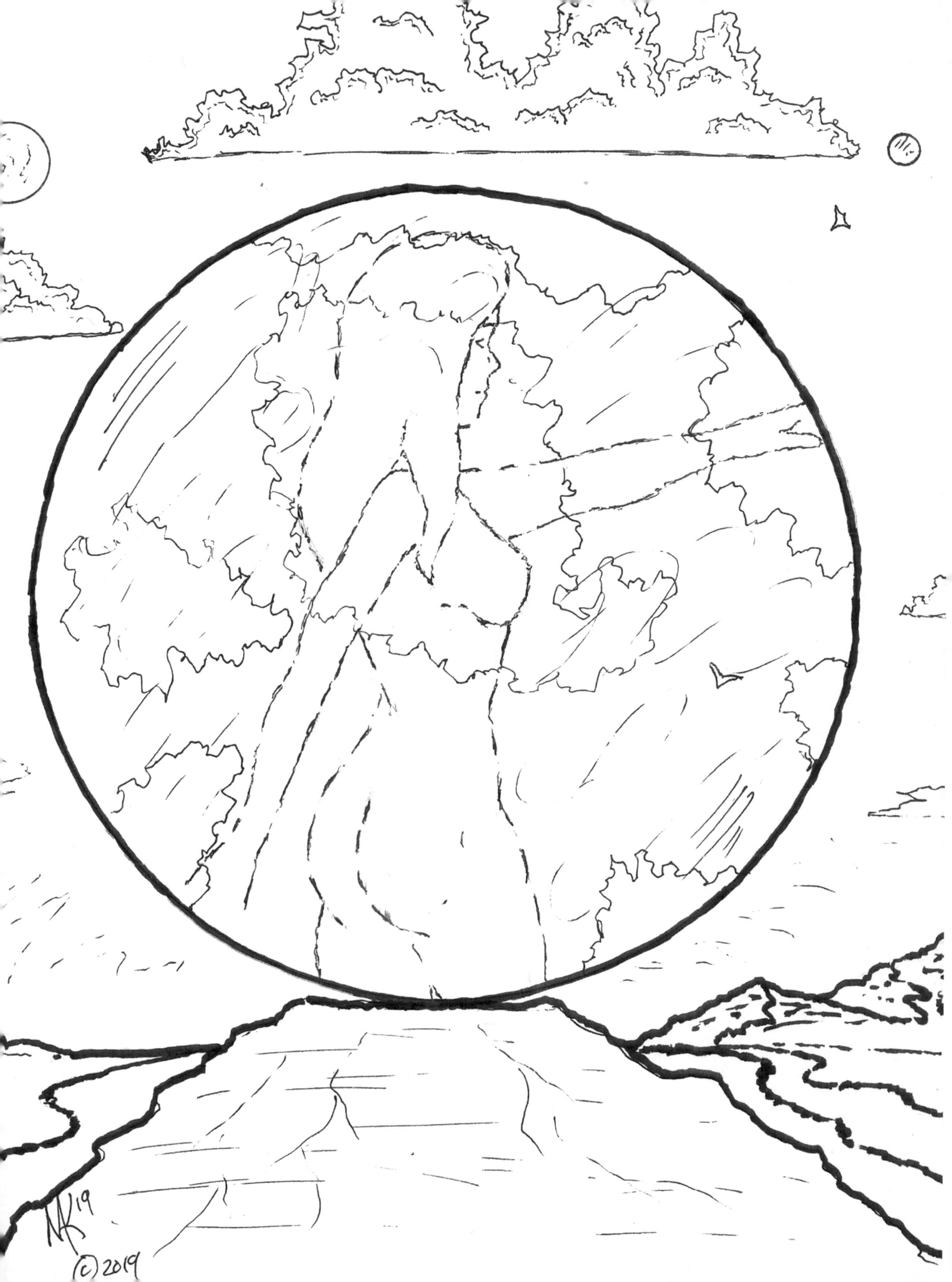

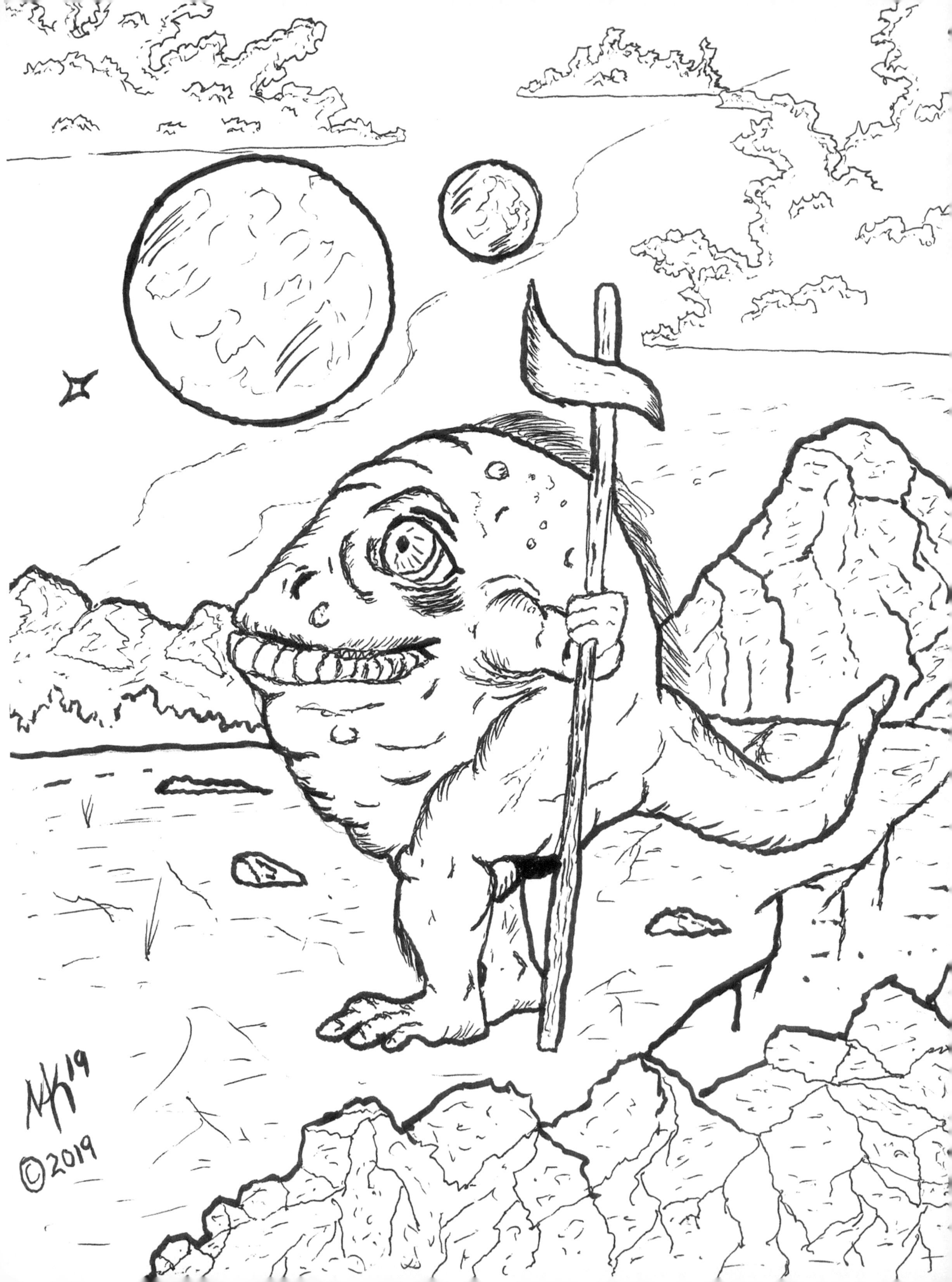

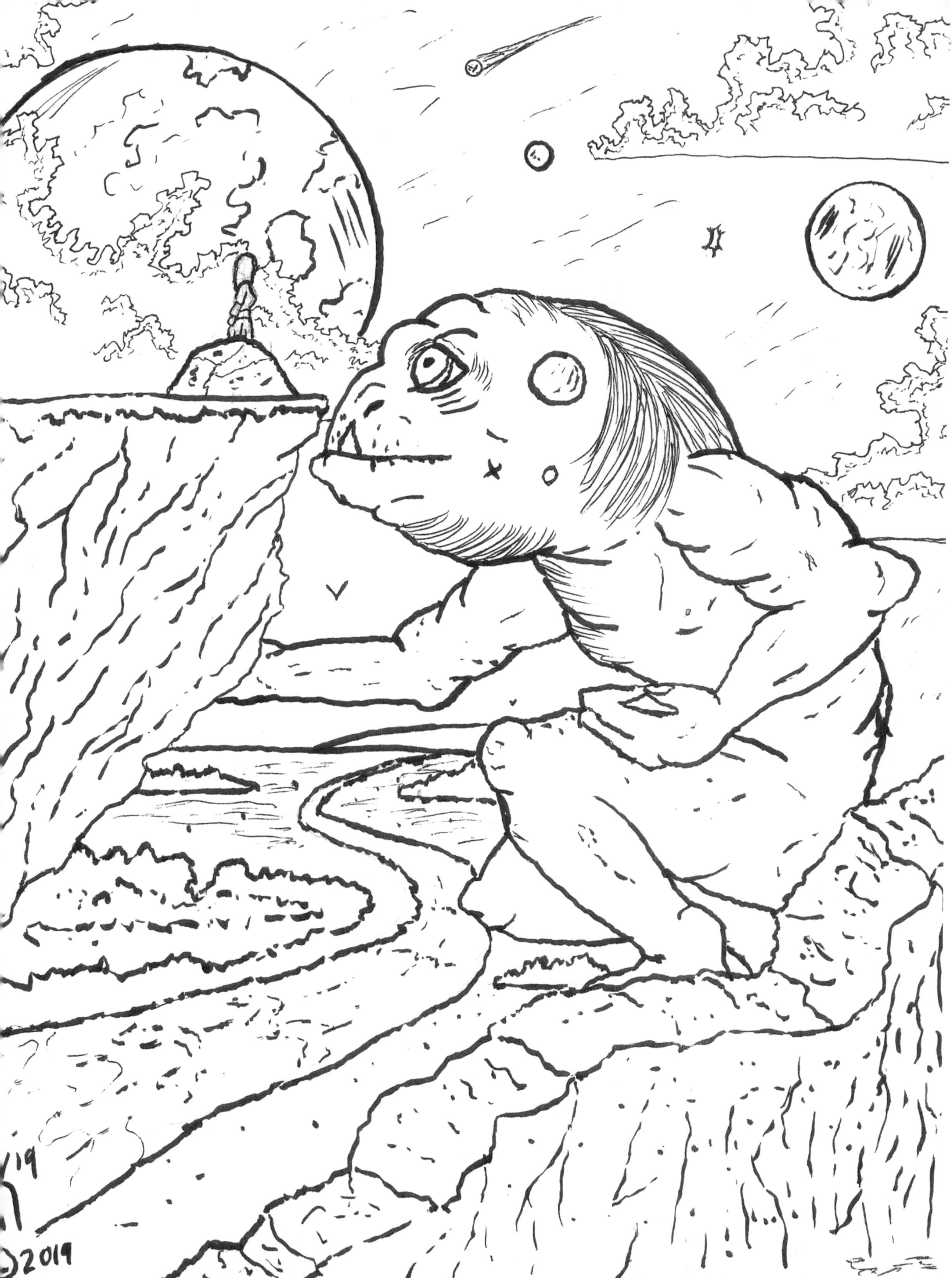

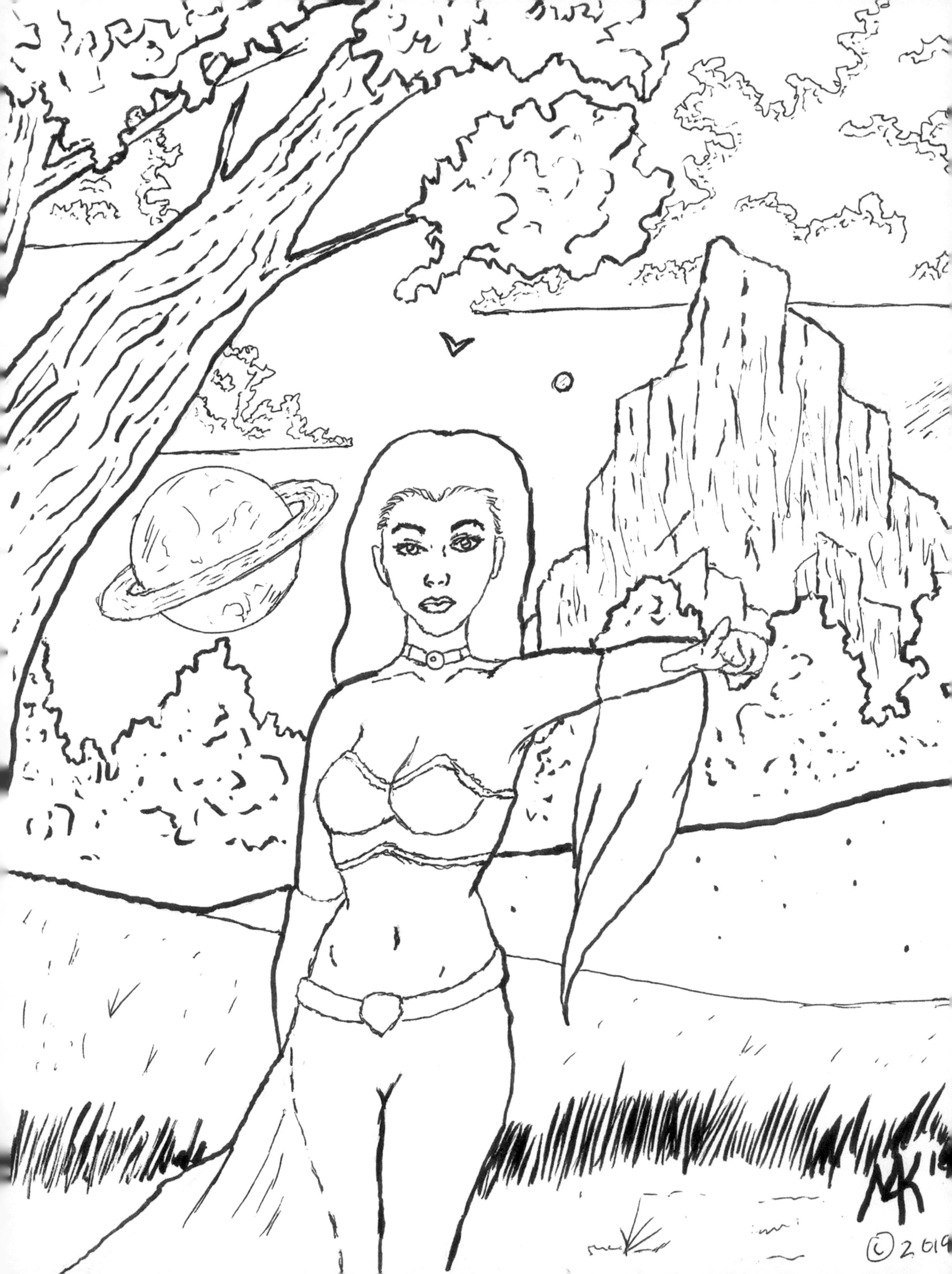

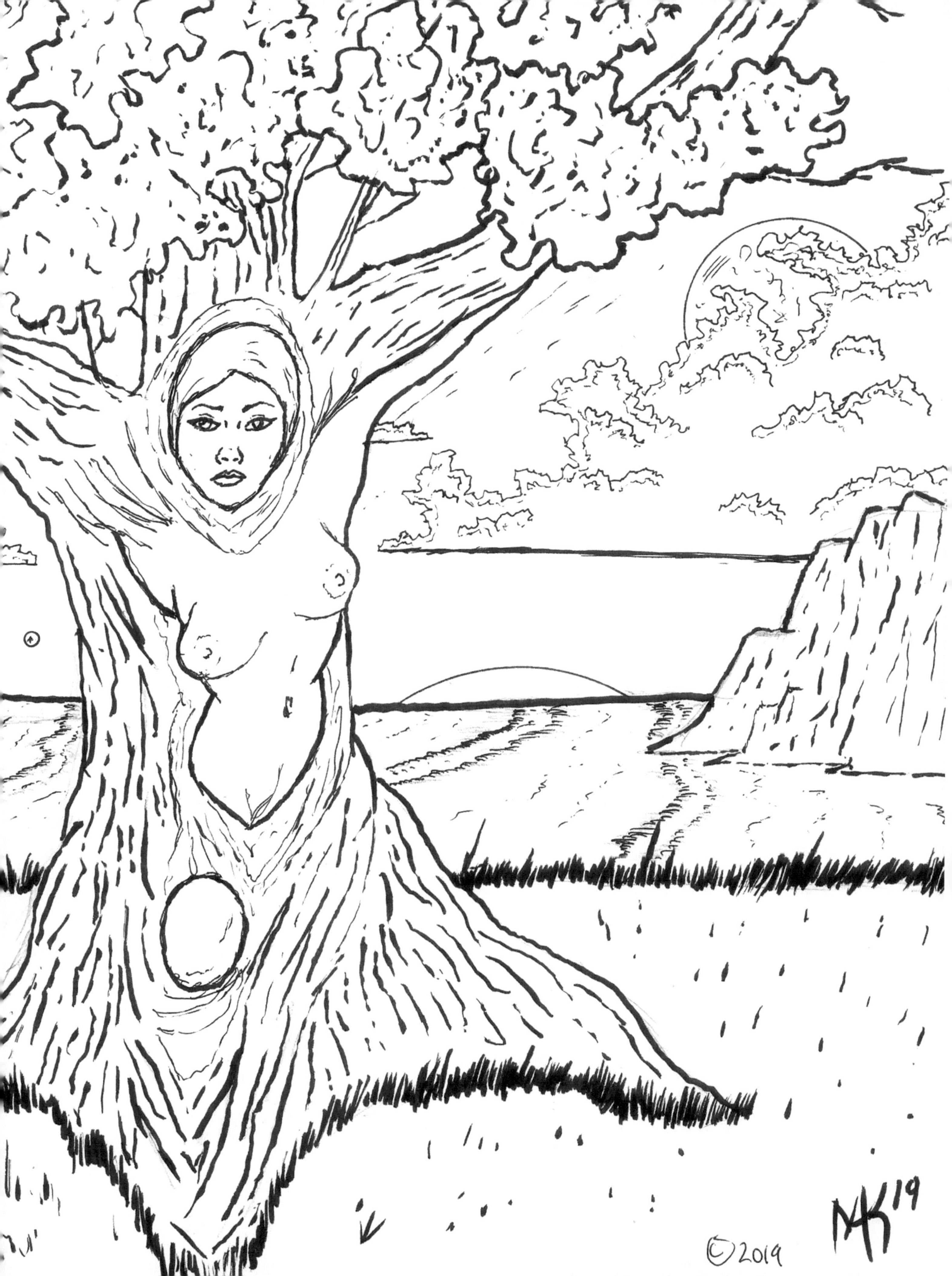

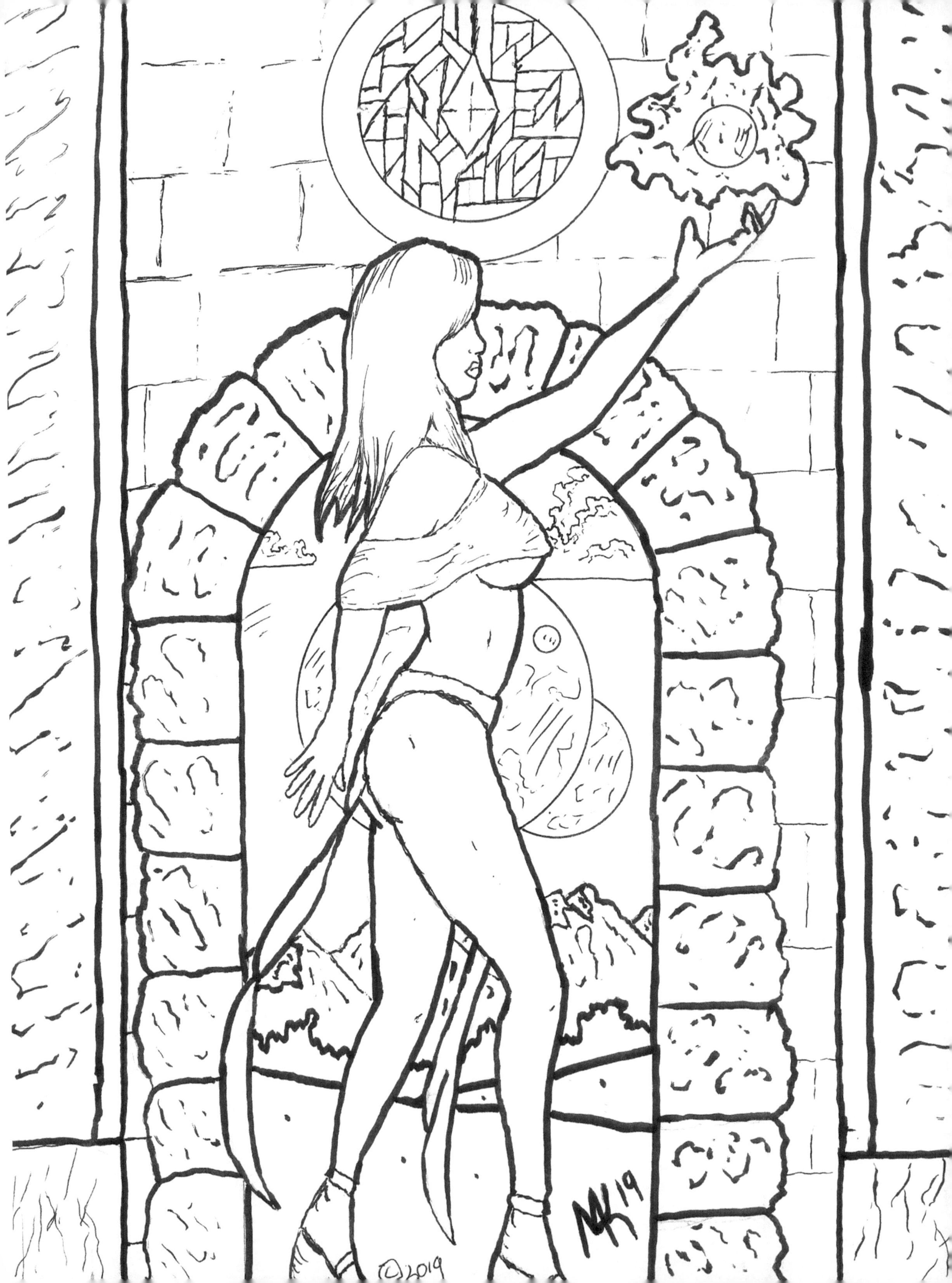

©2019
MK 19

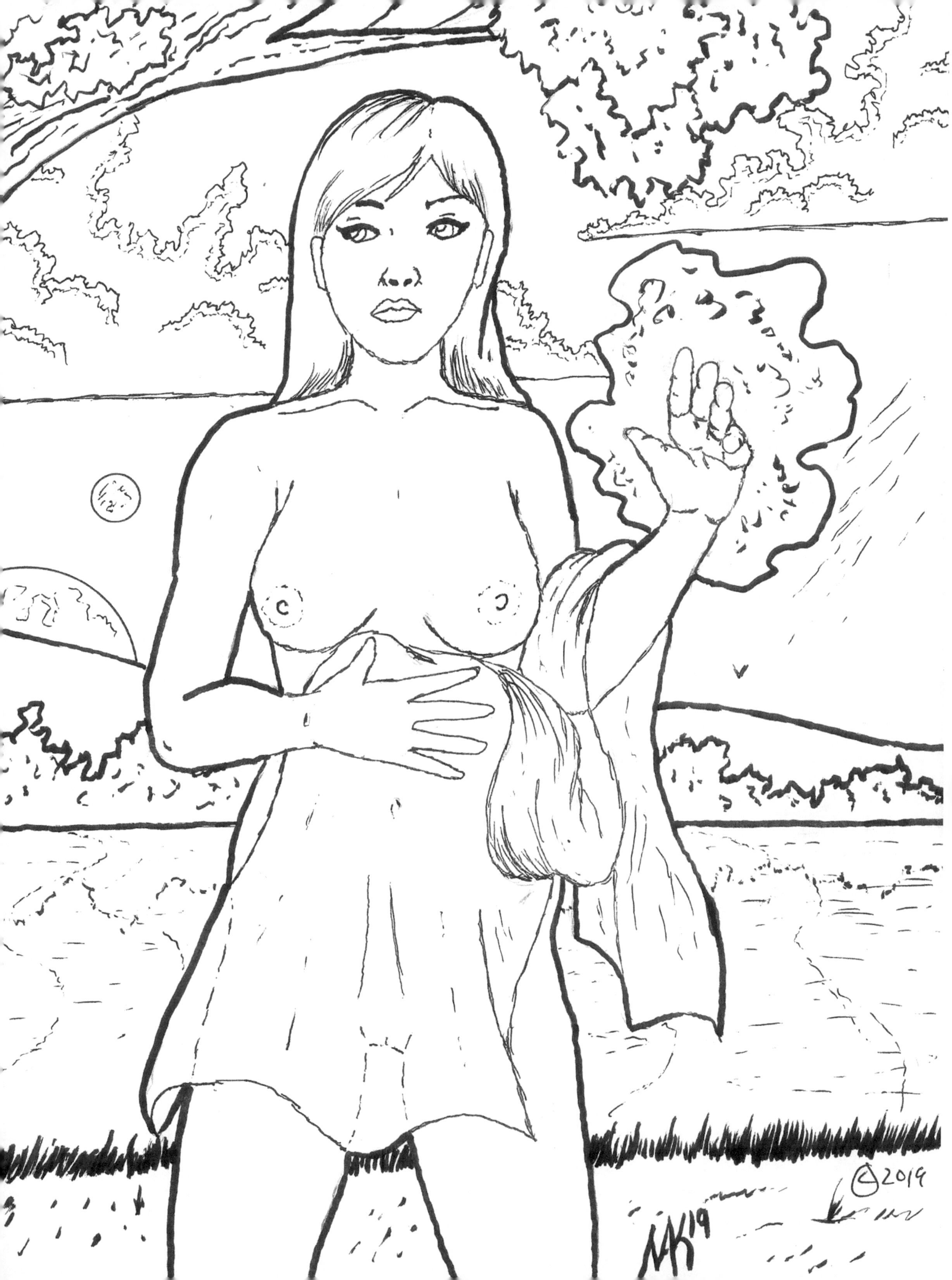
©2019
NK'19

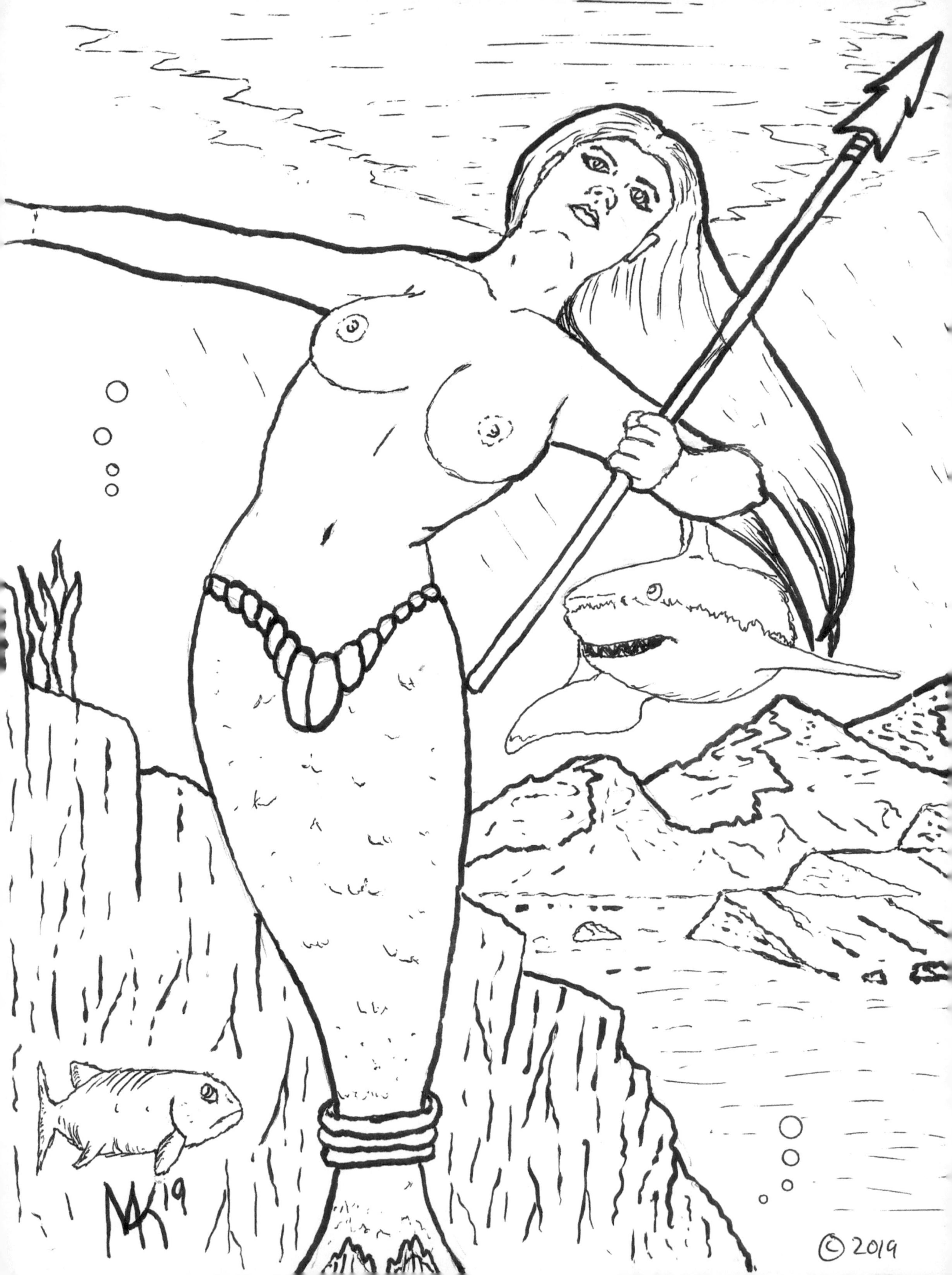

MK '19
© 2019

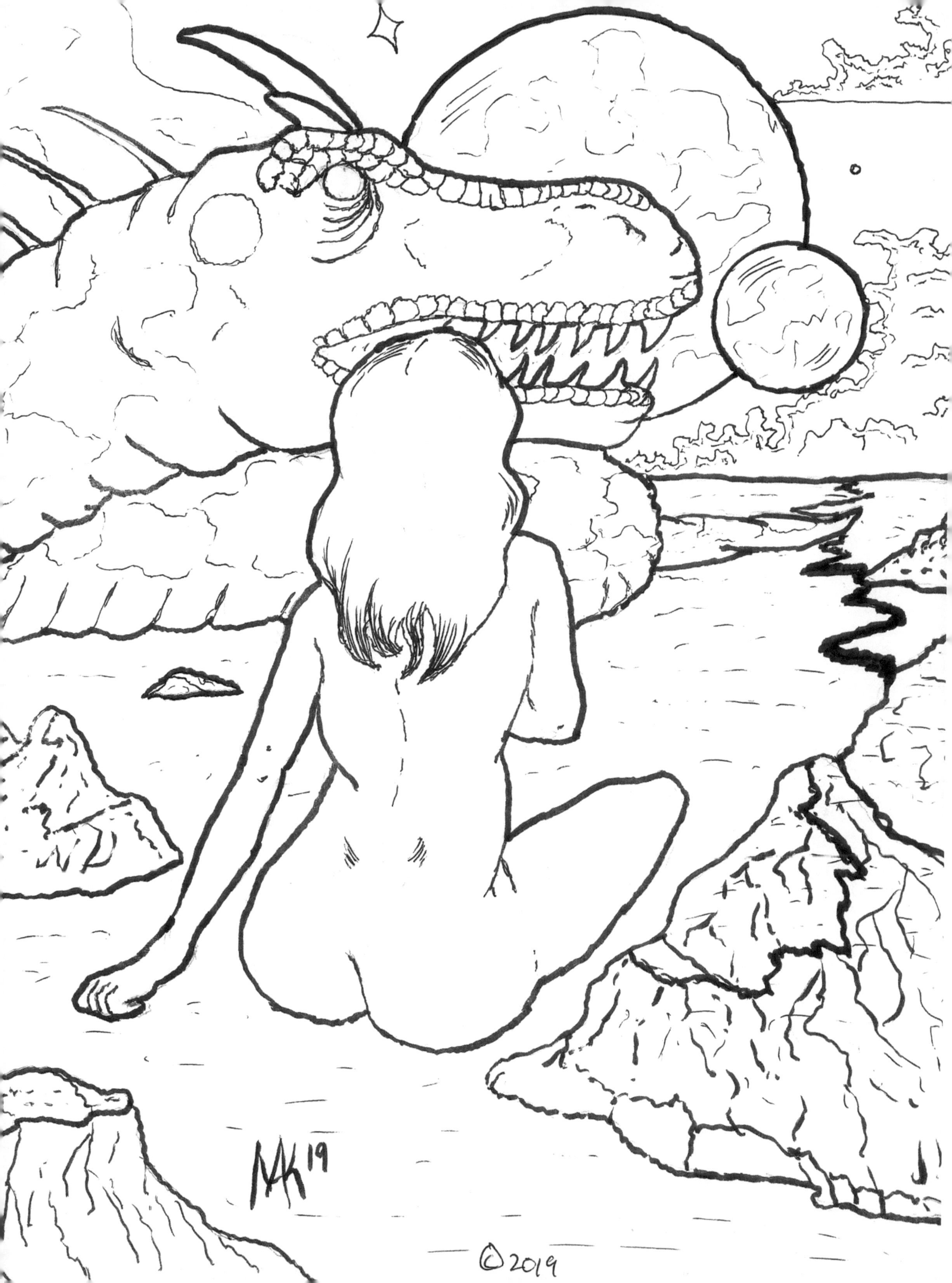

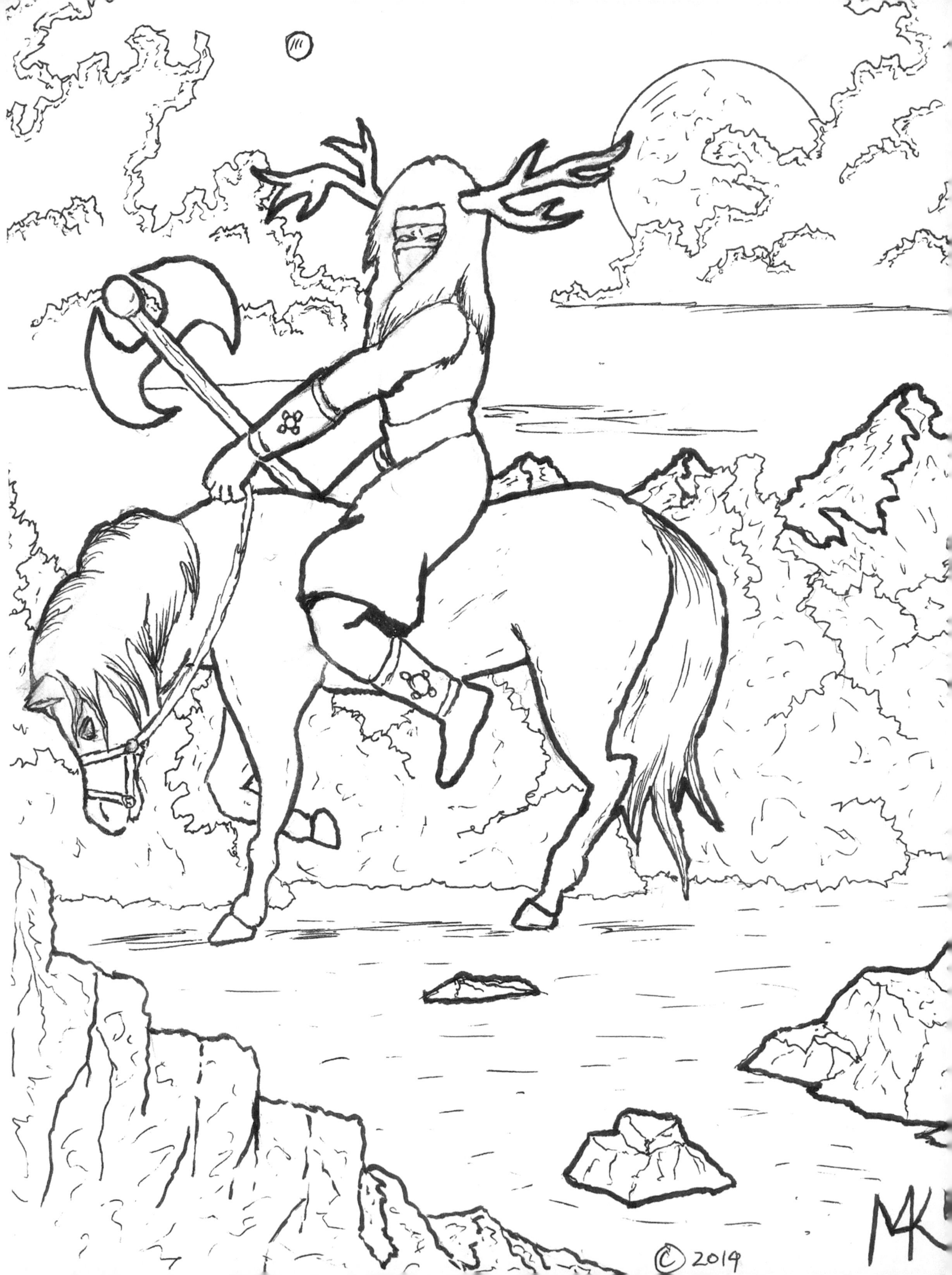

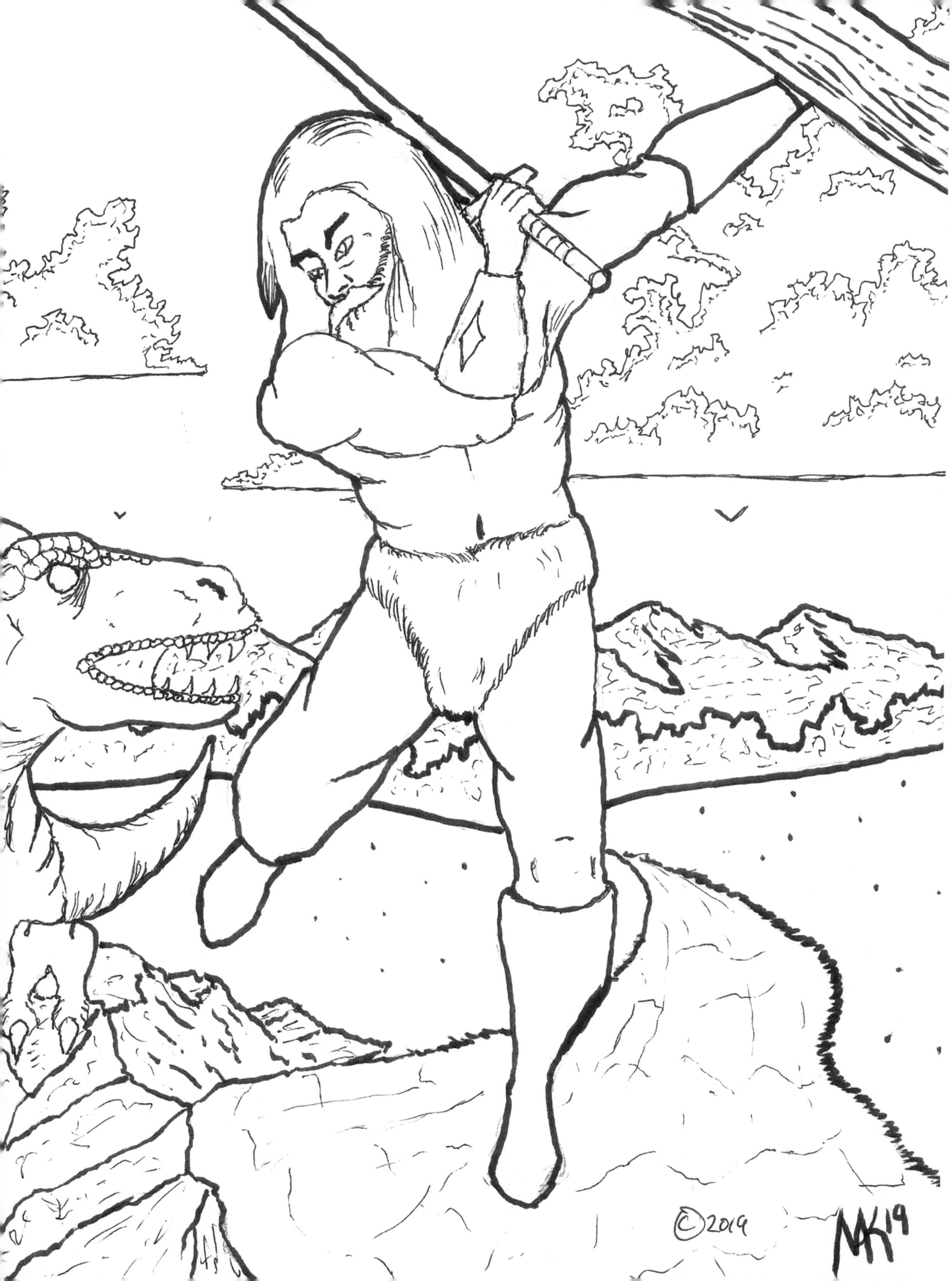

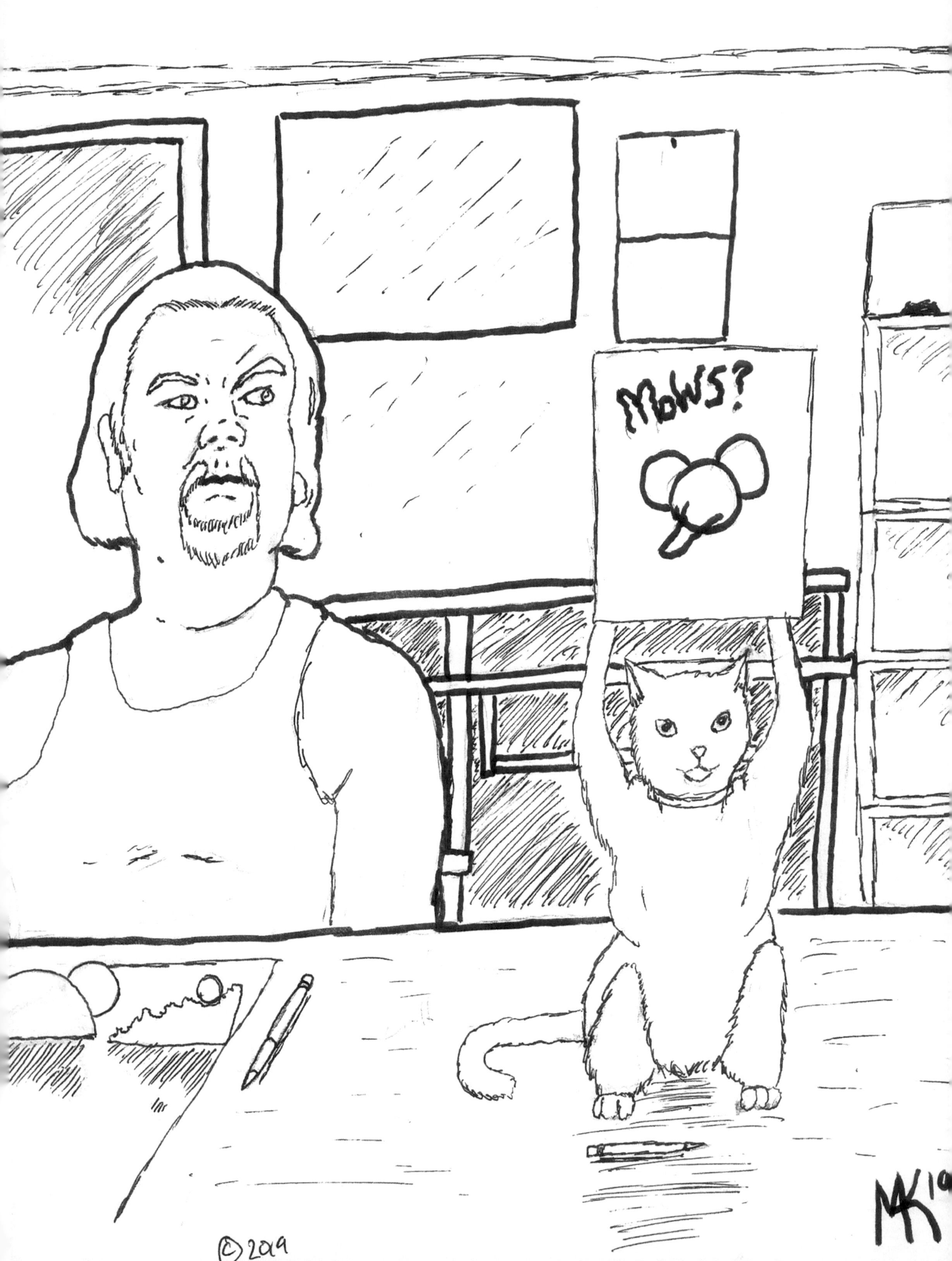

MoWS?
©2019
MK'19

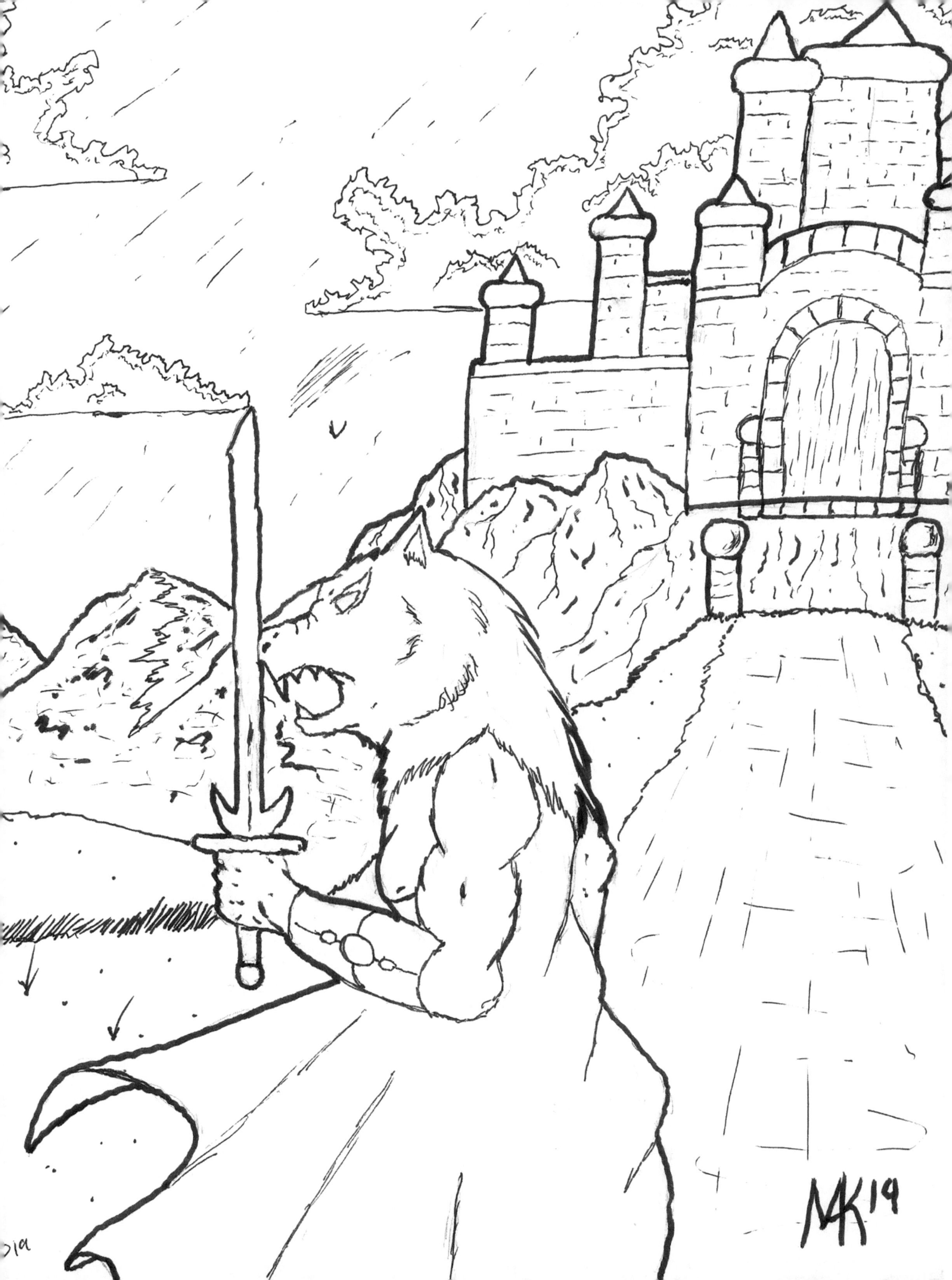

MK19

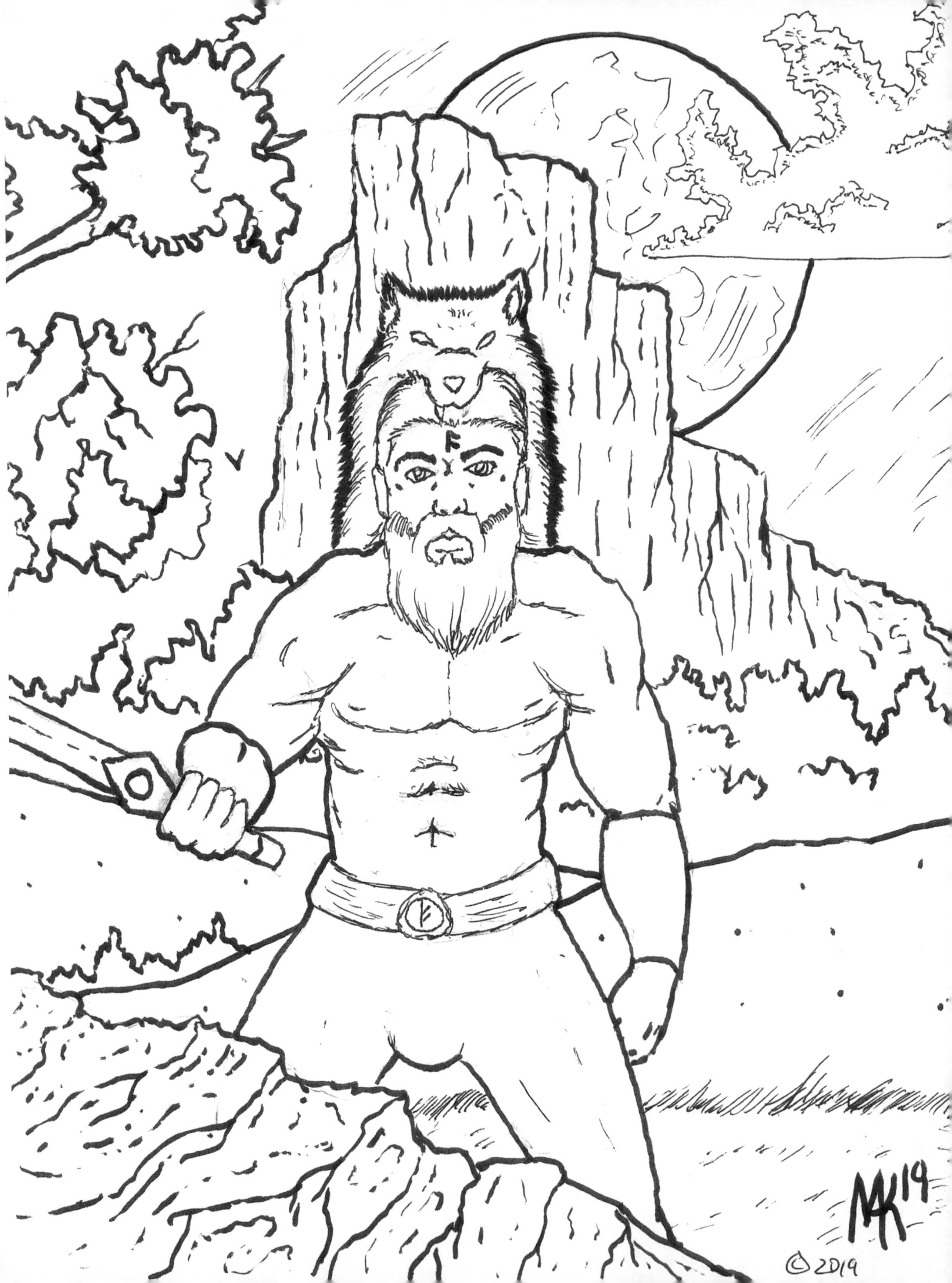

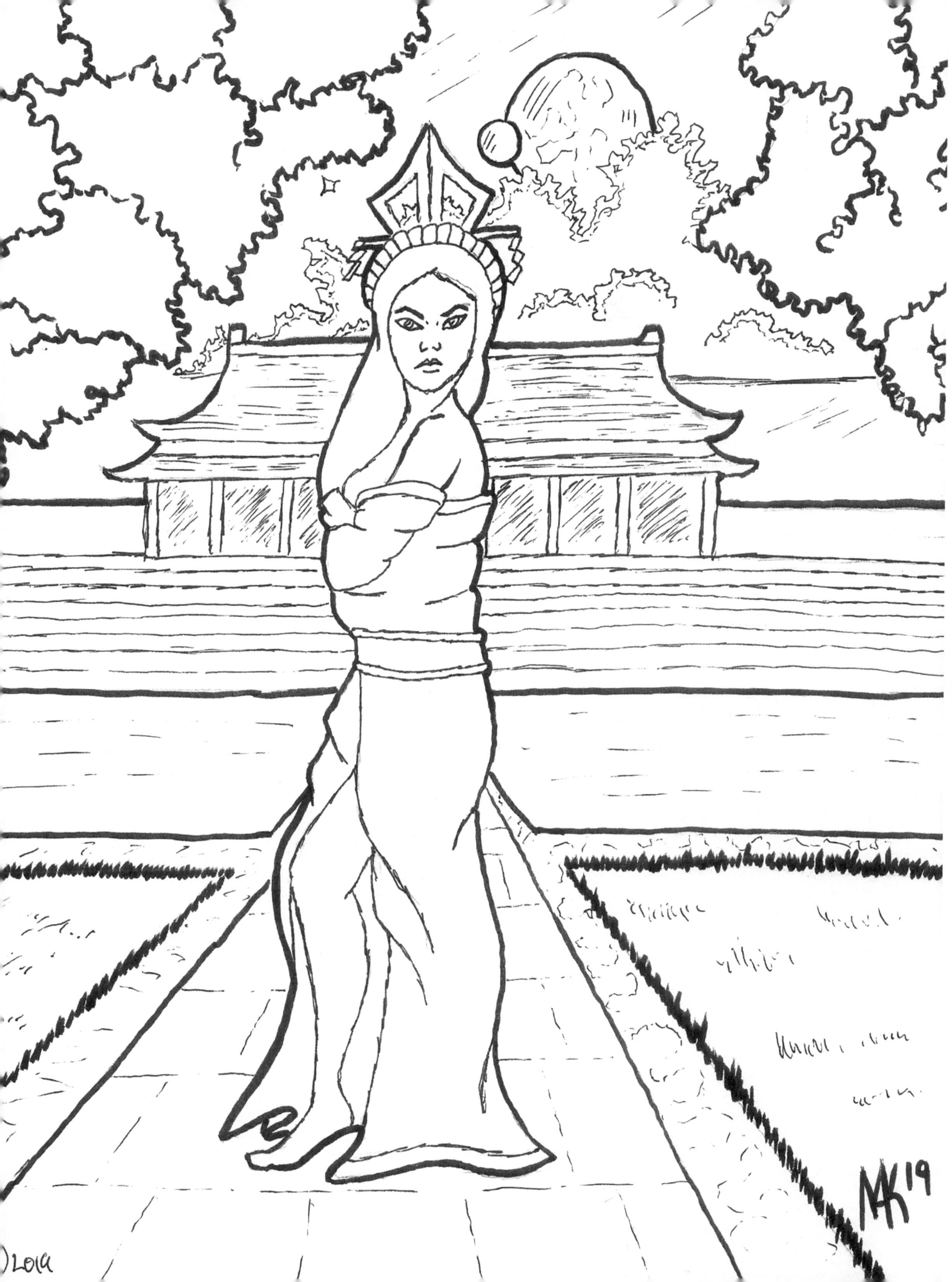

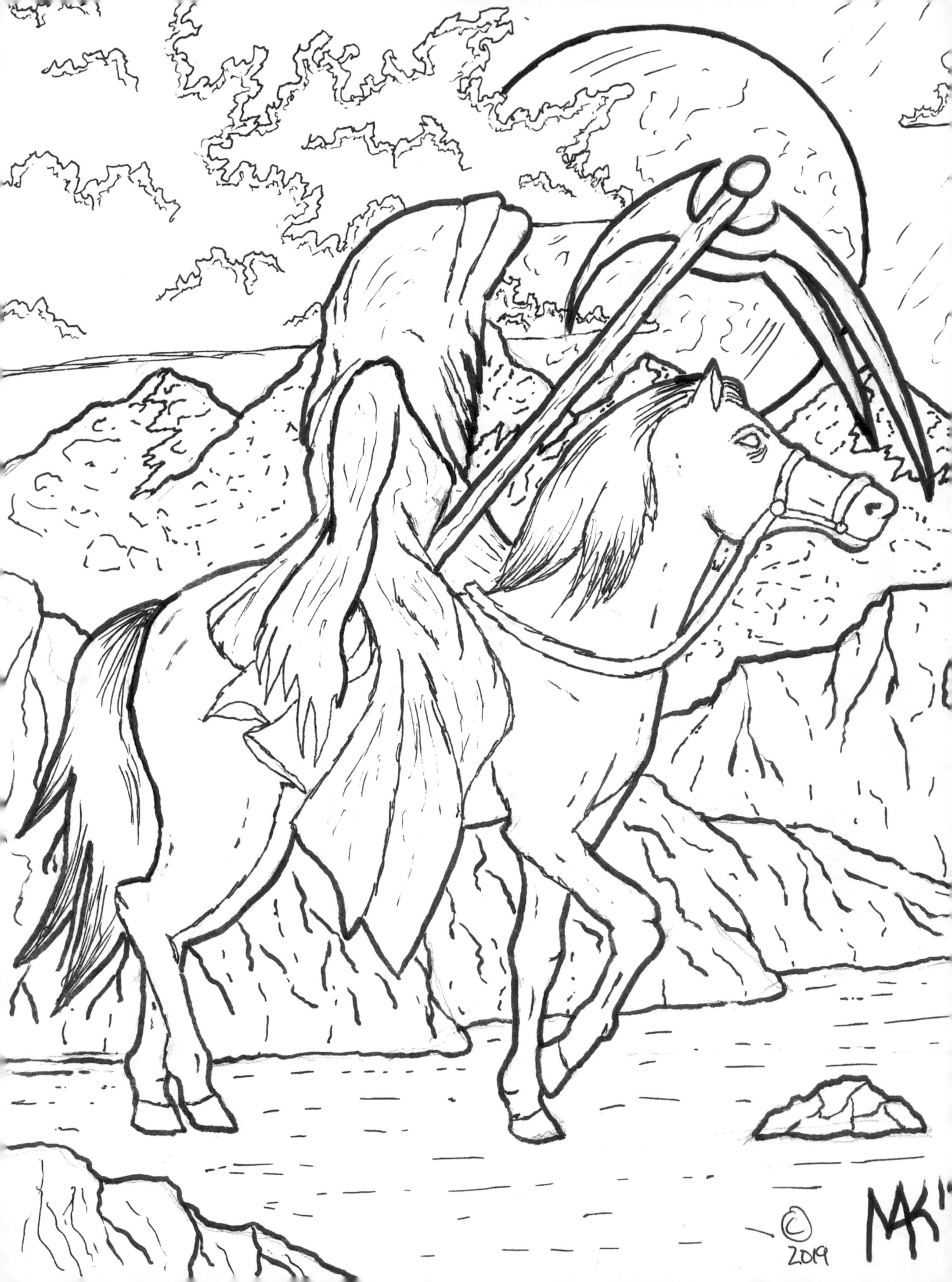

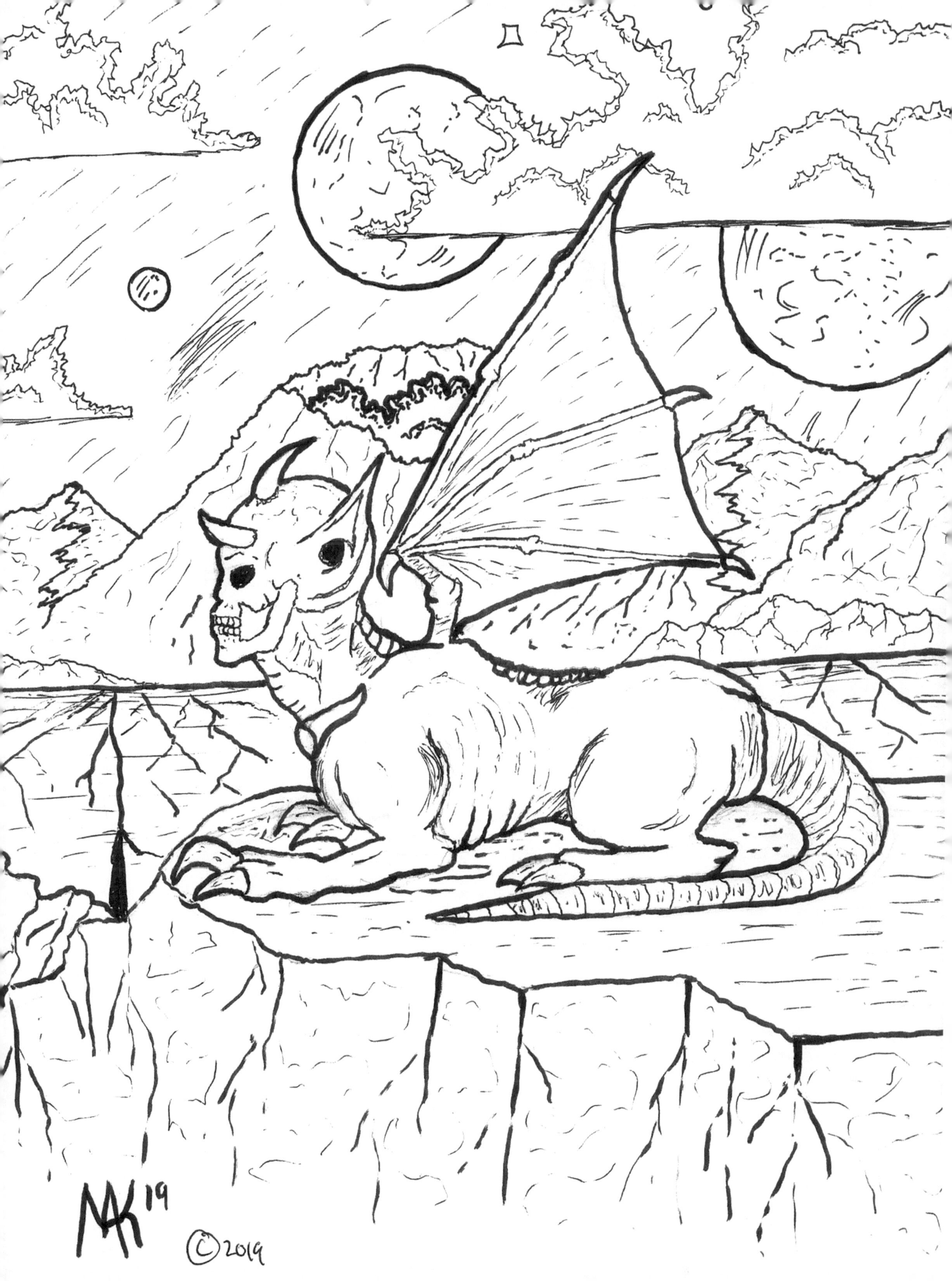

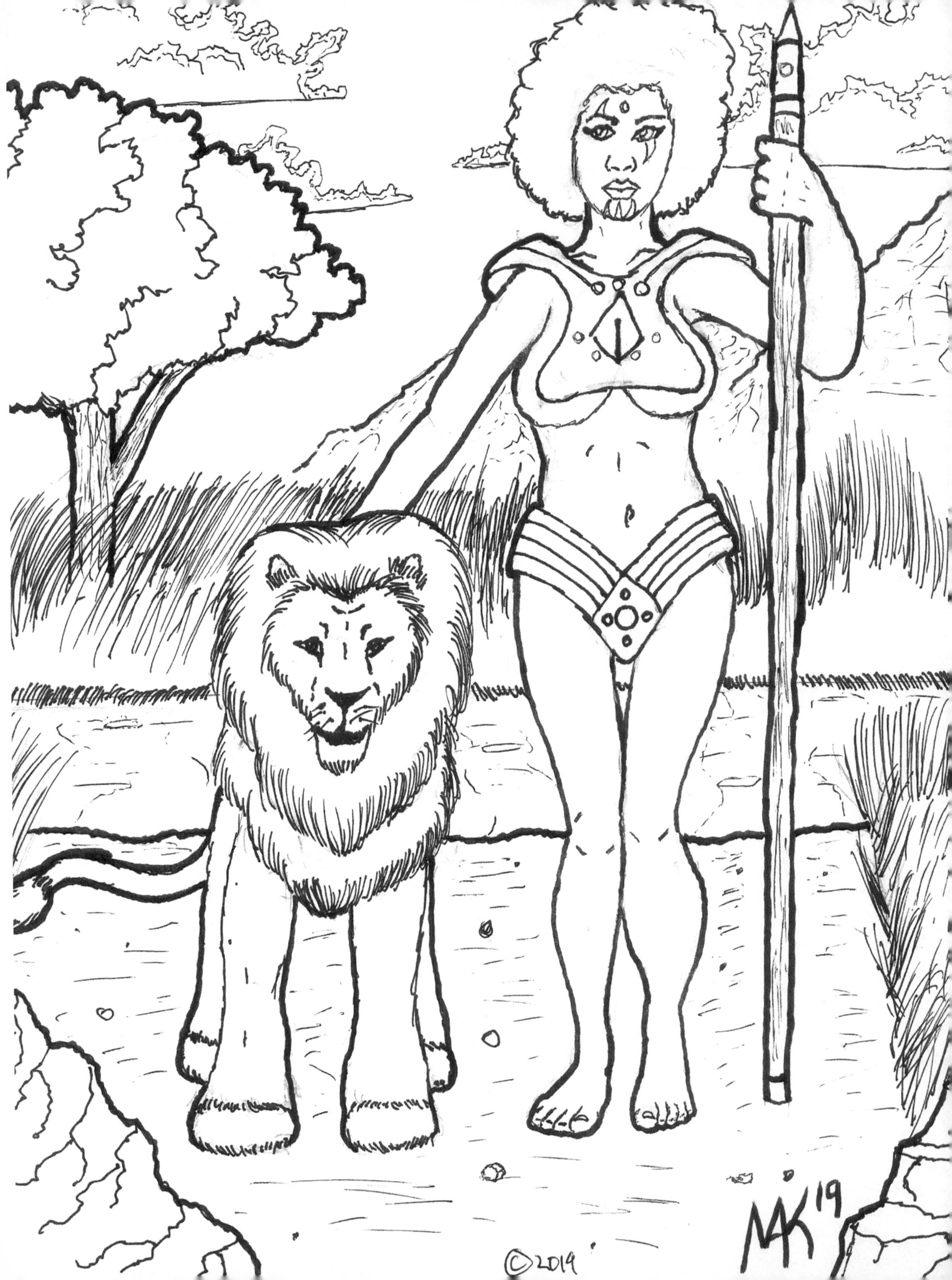

©2019

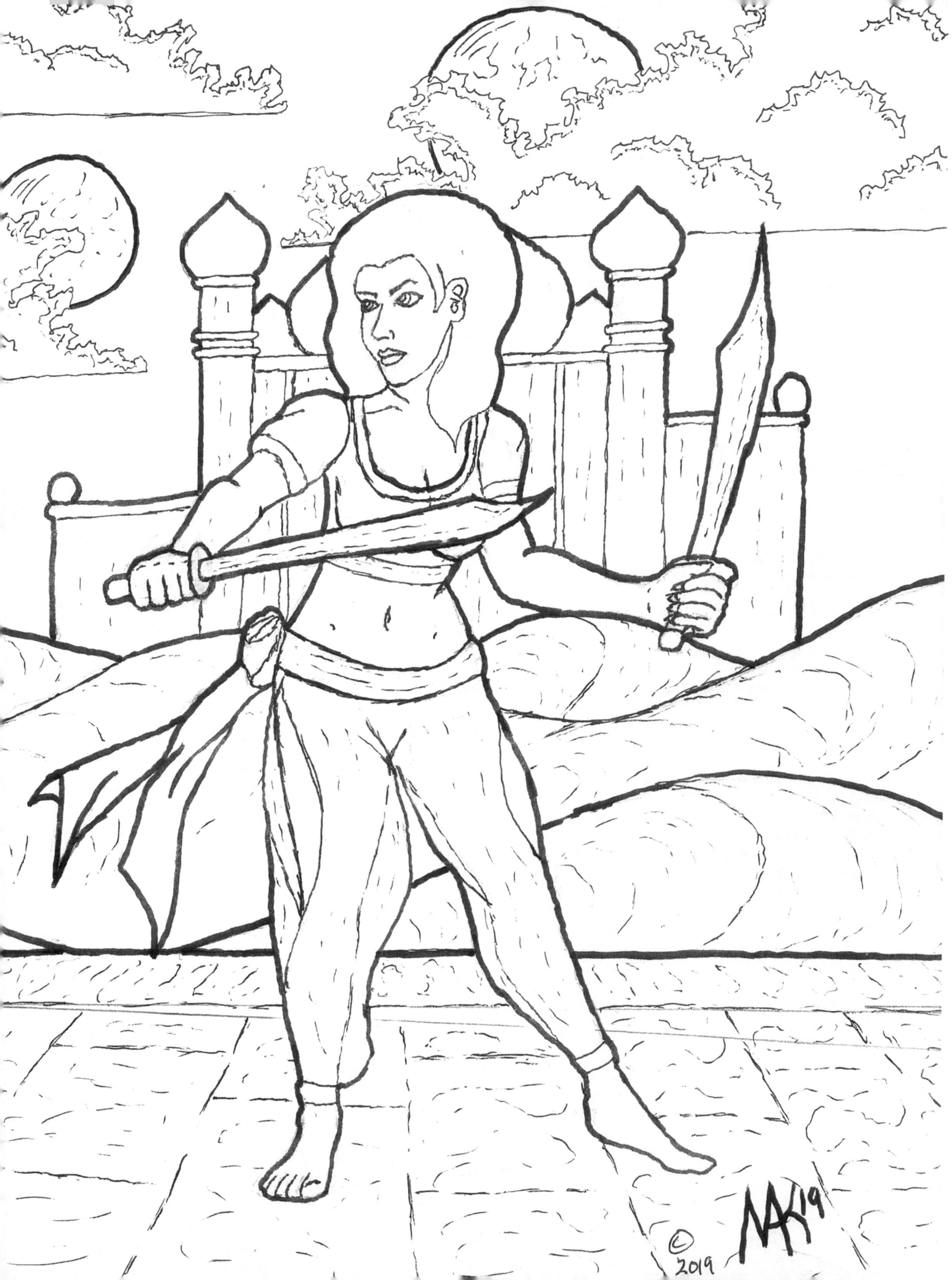

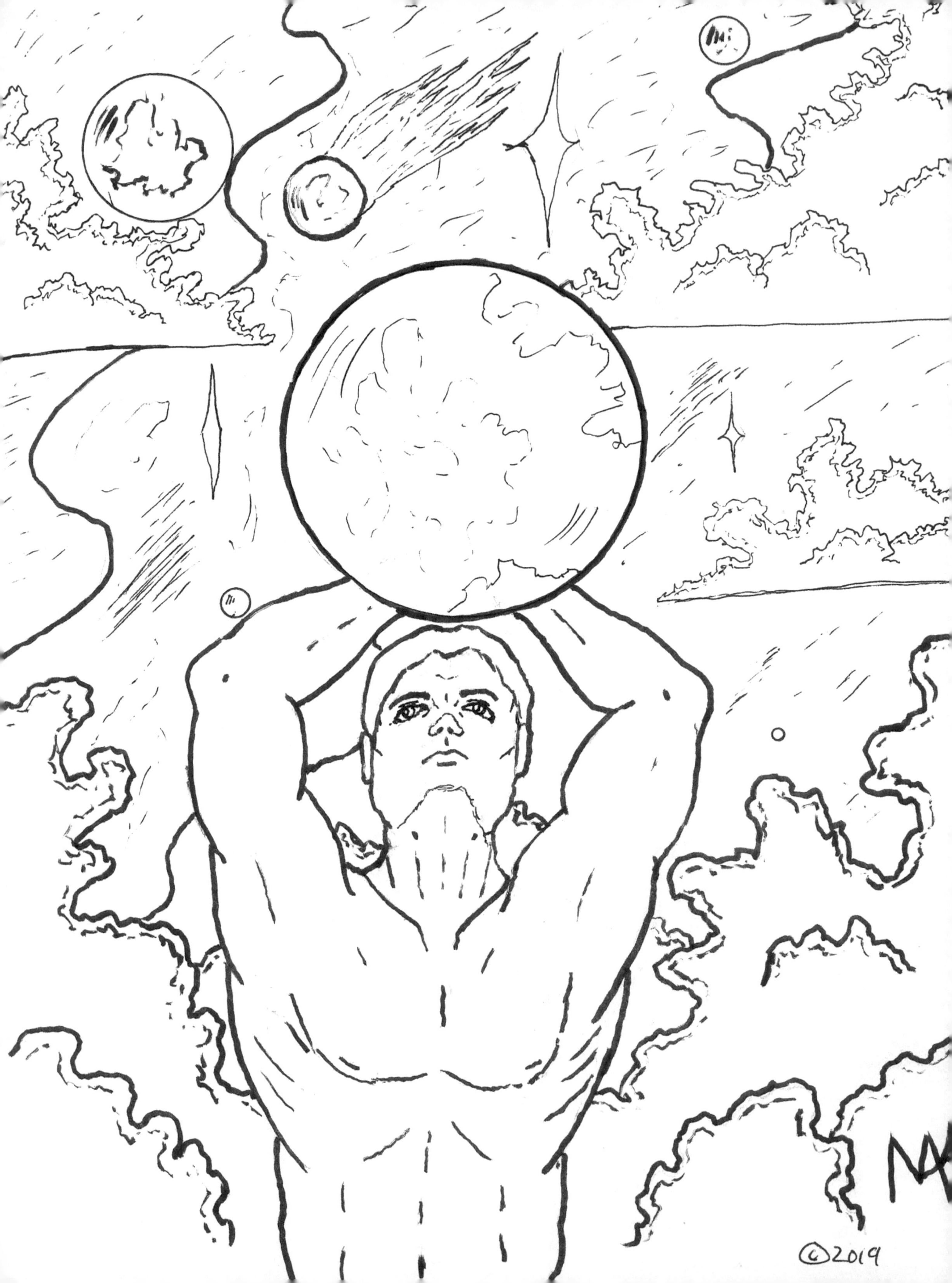

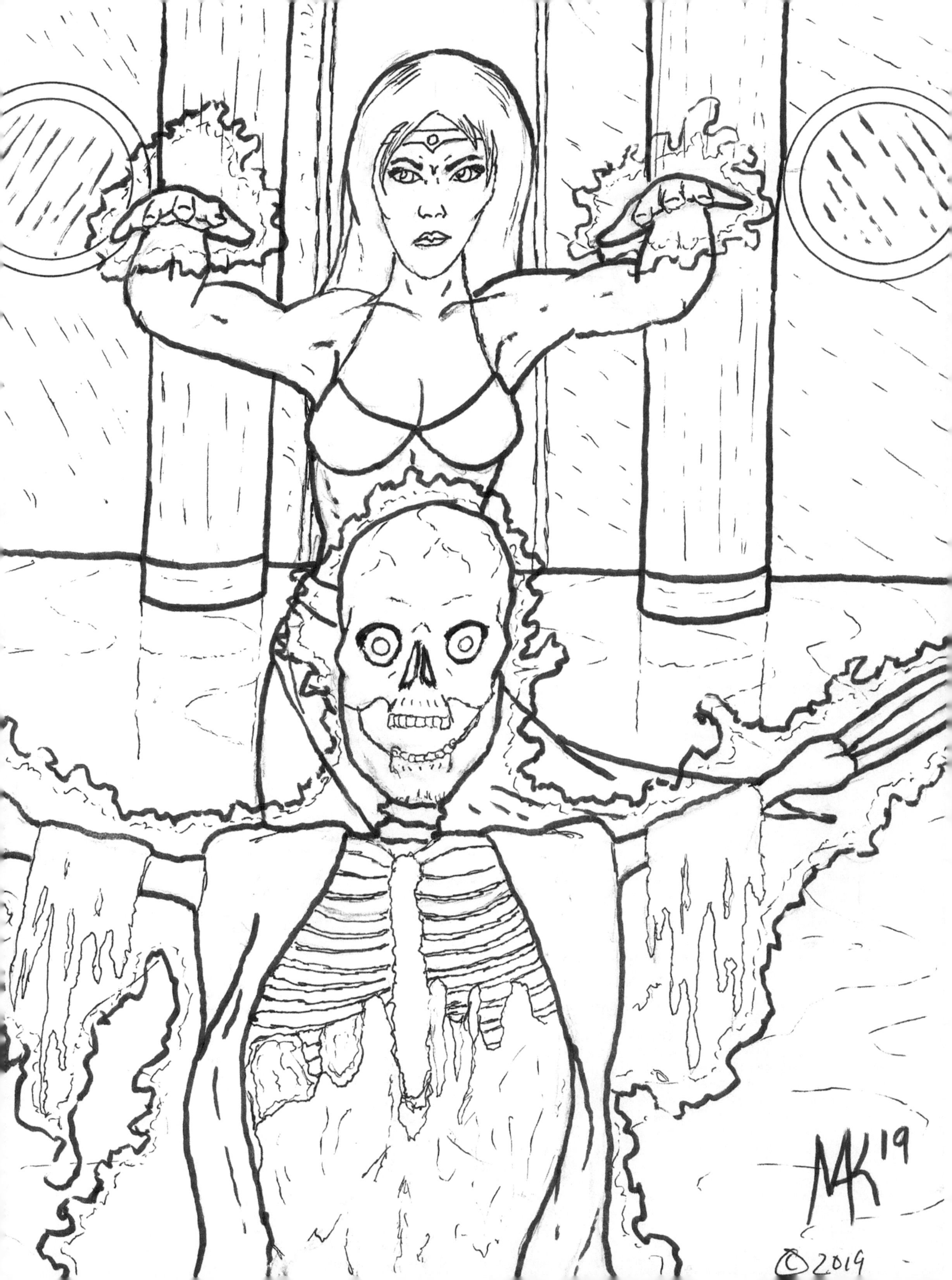

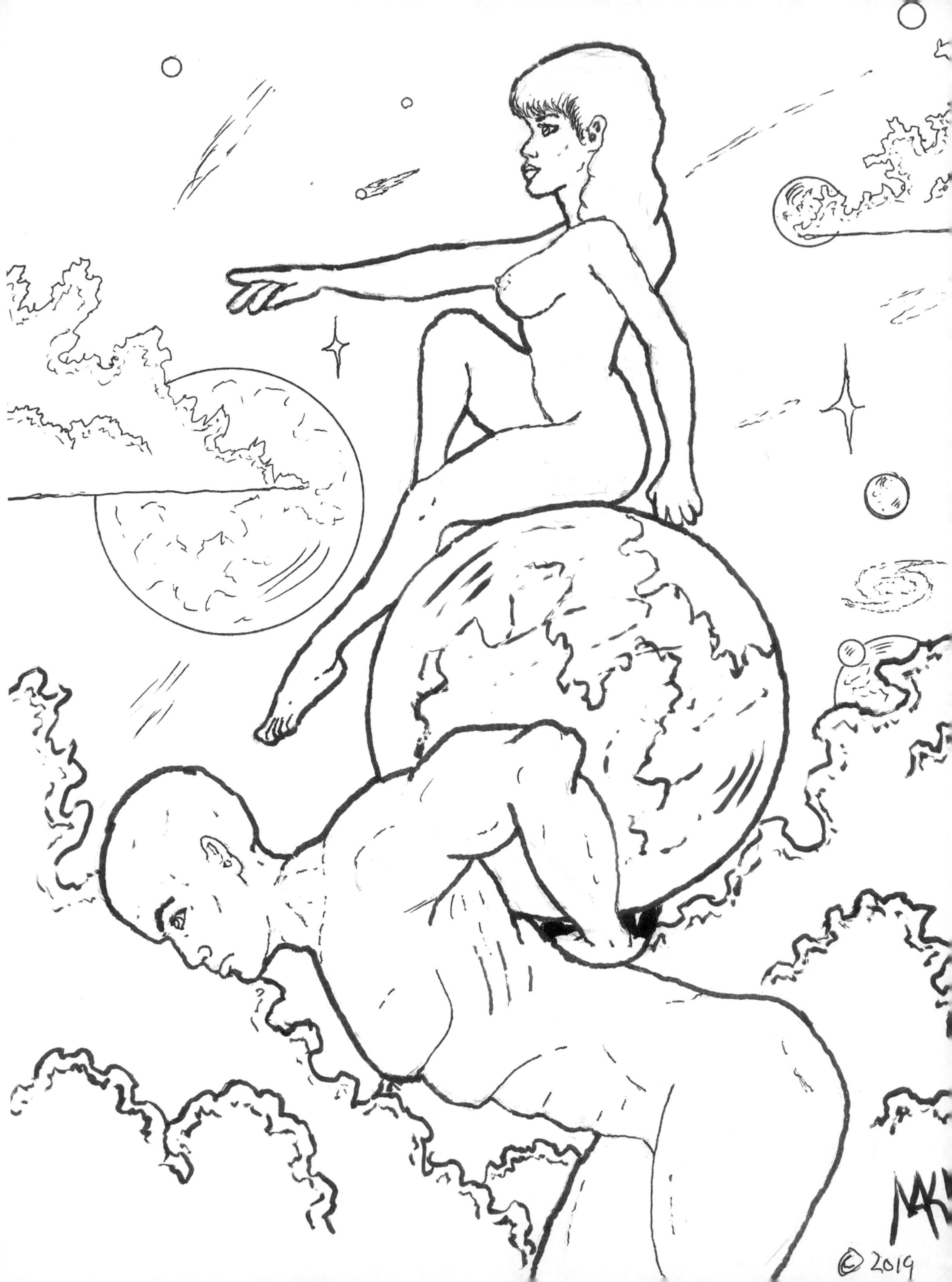
© 2019

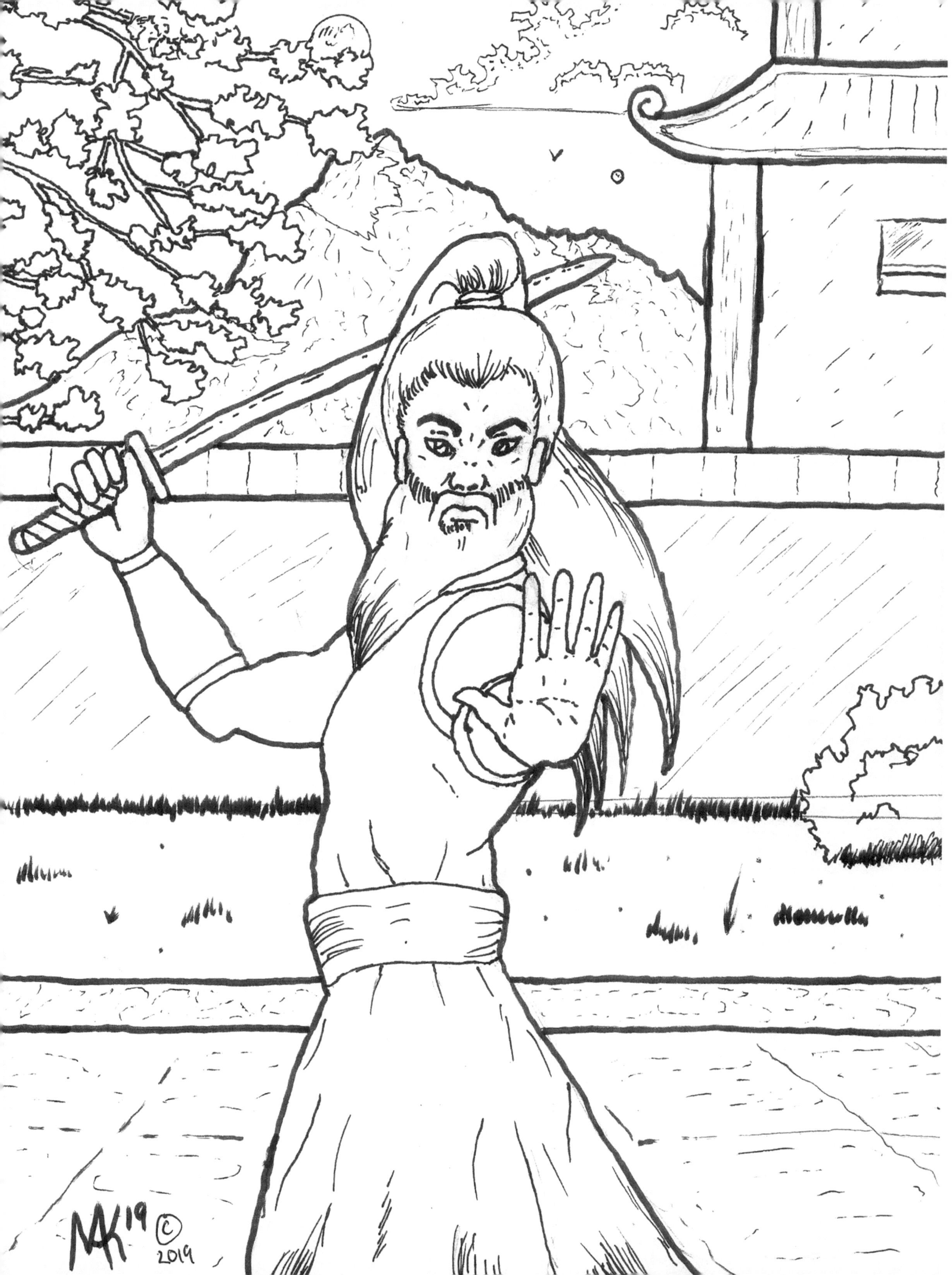

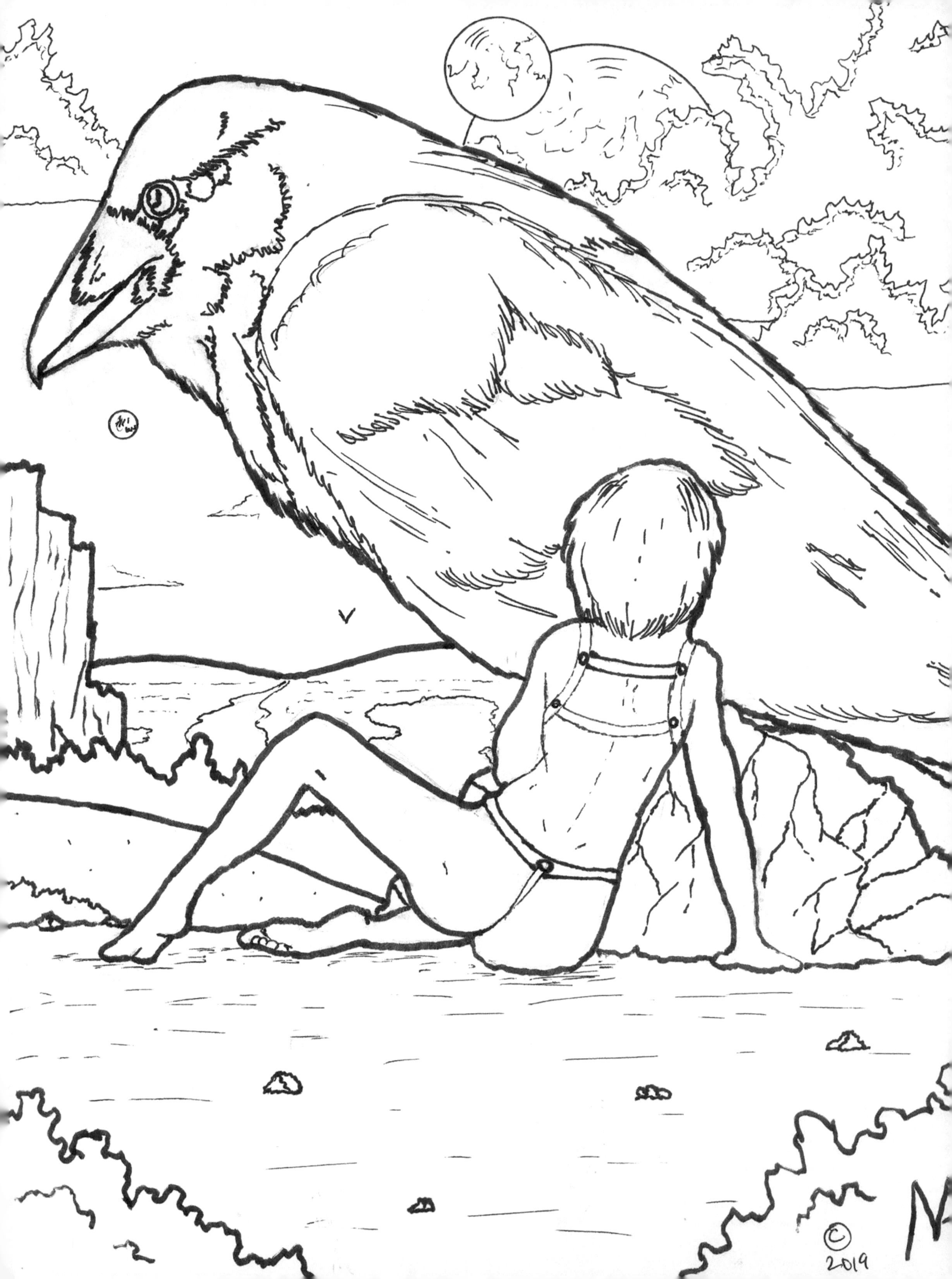

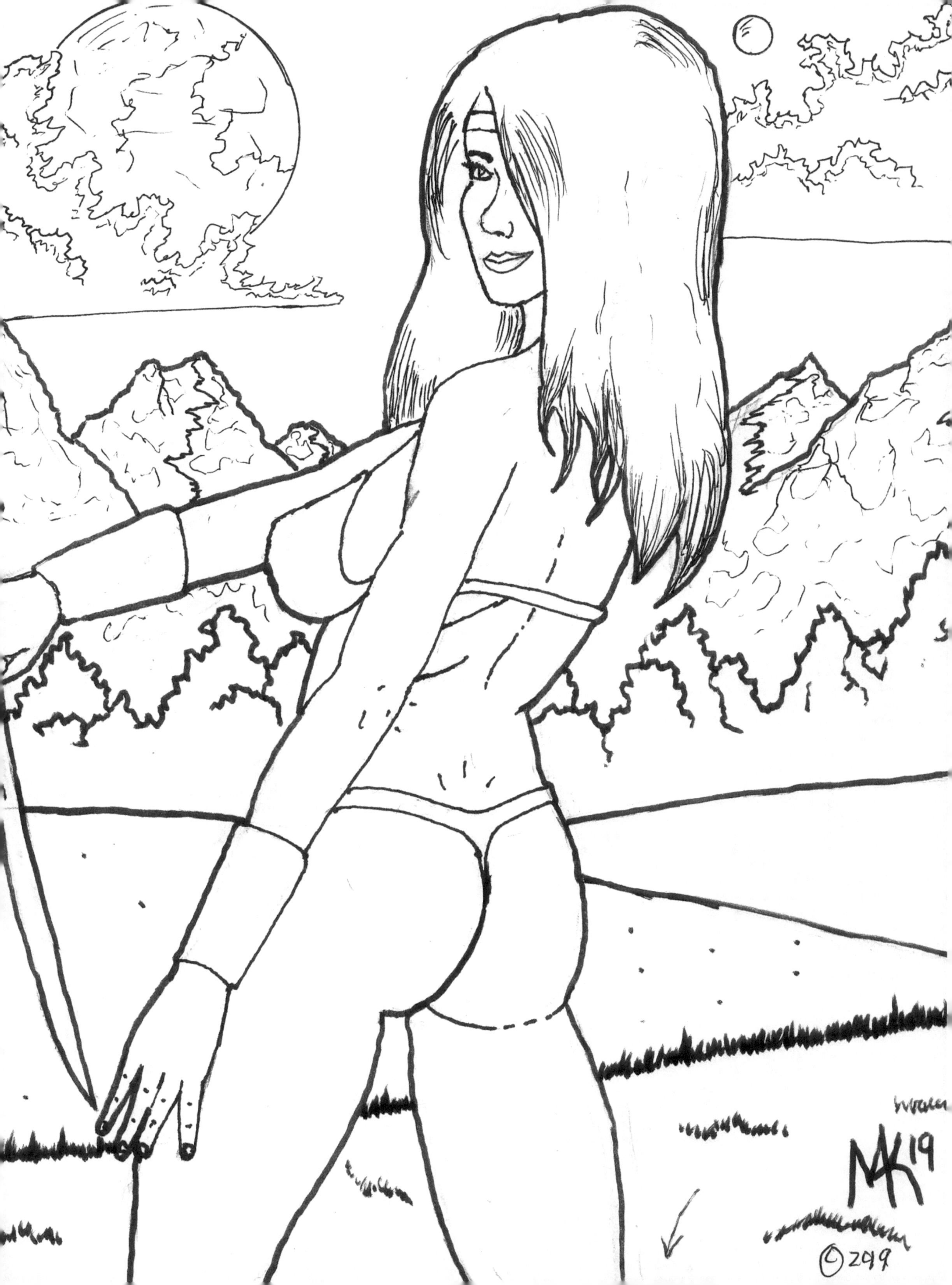

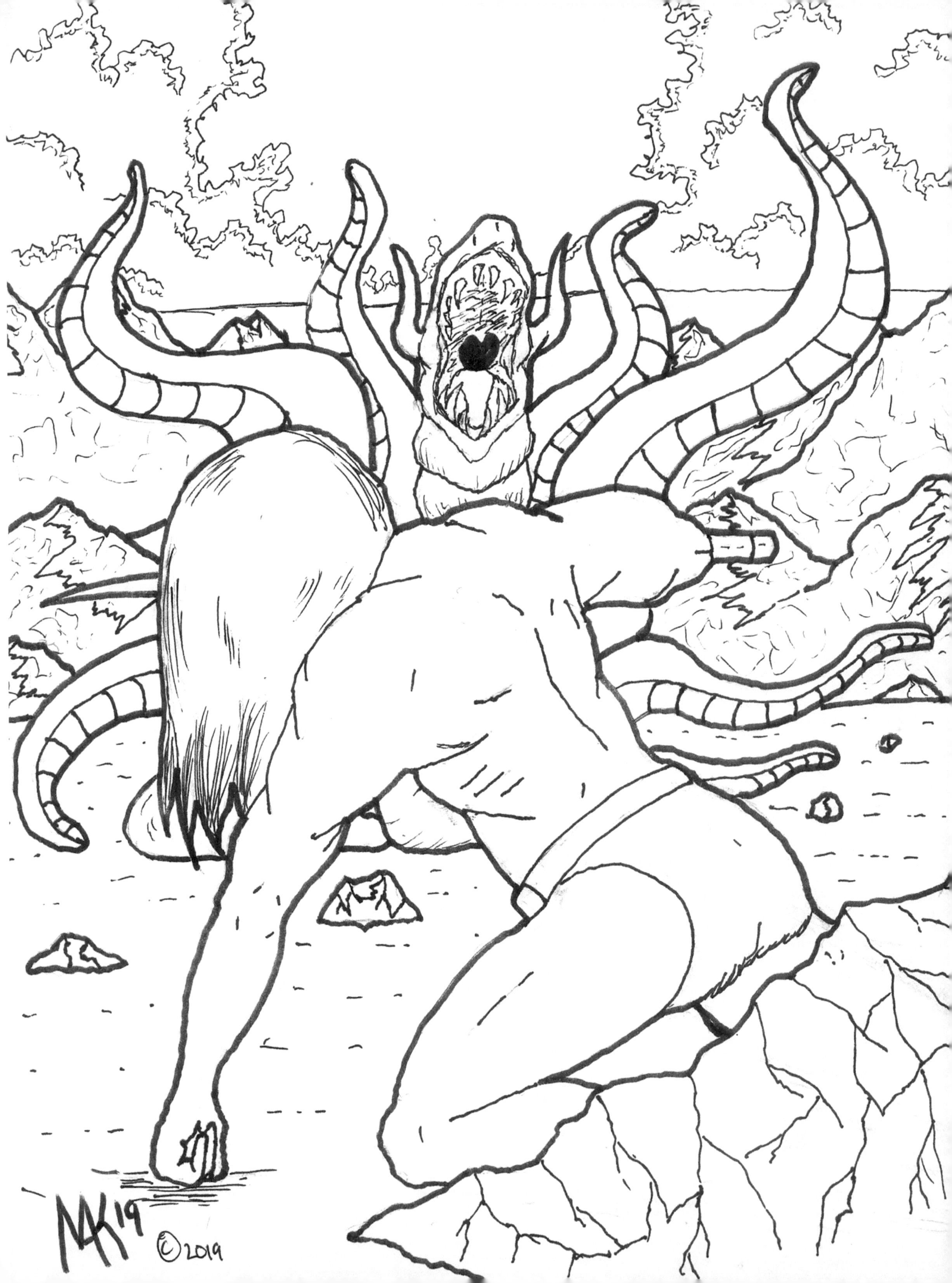

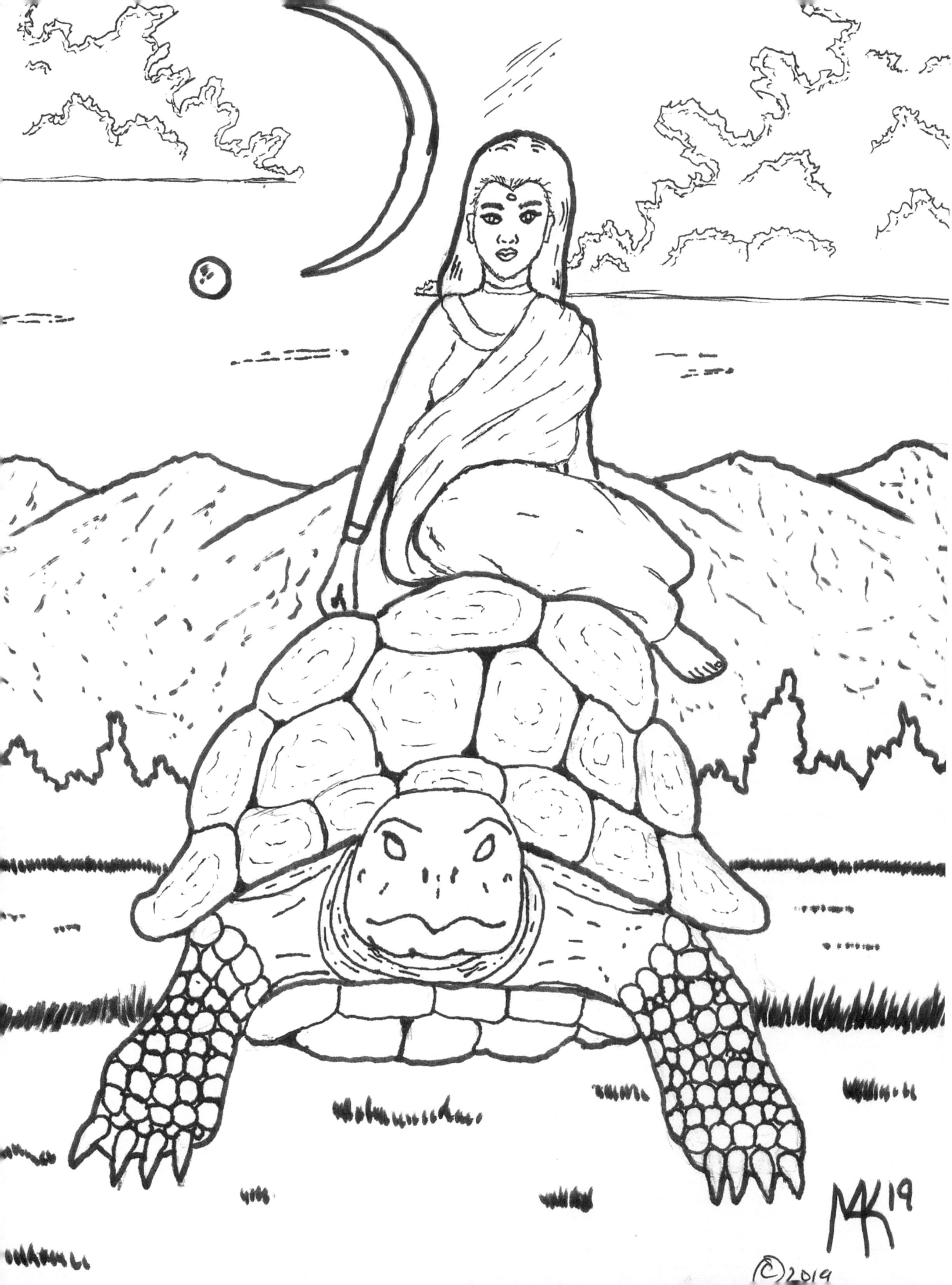

MK 19
©2019

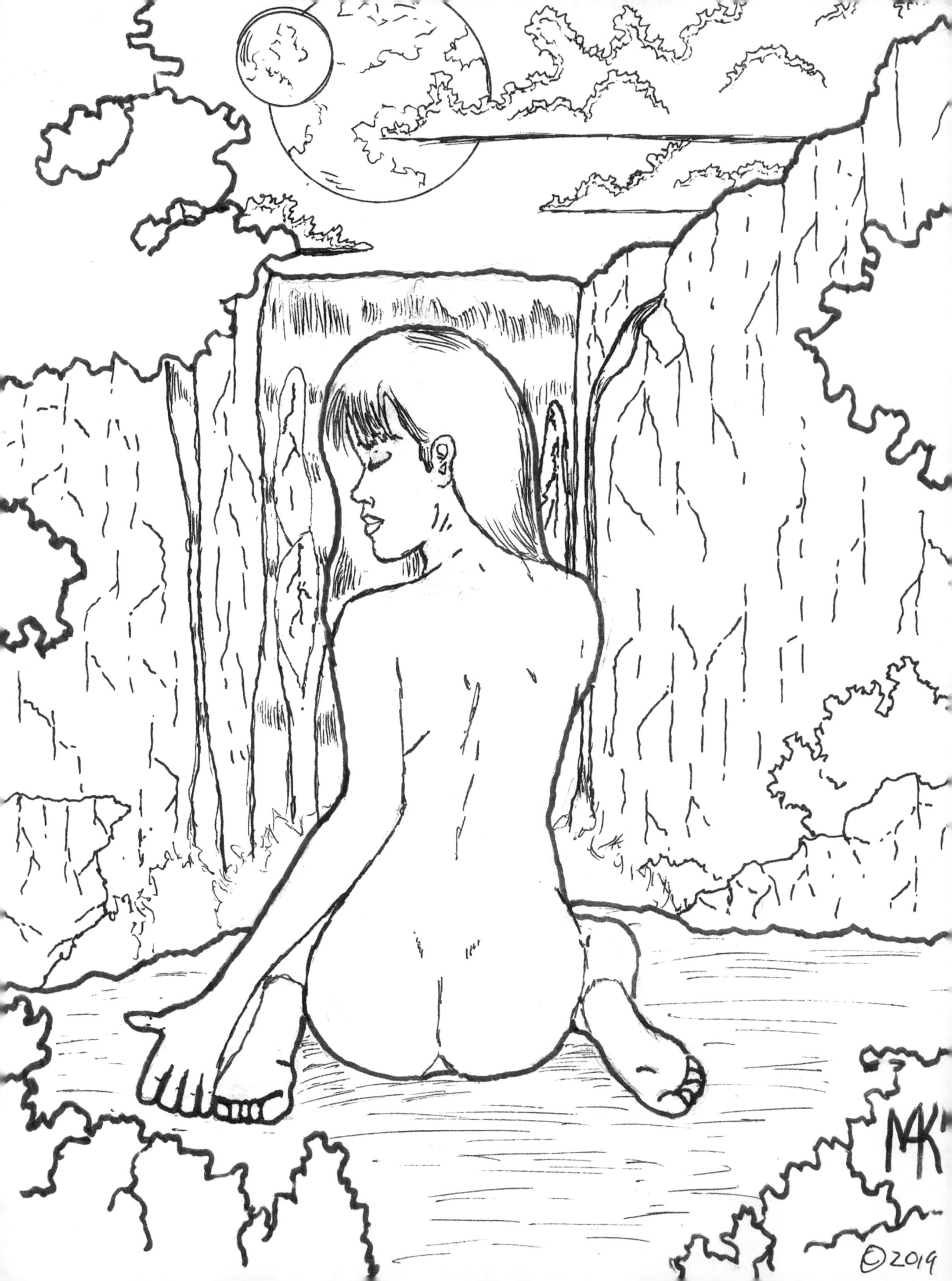

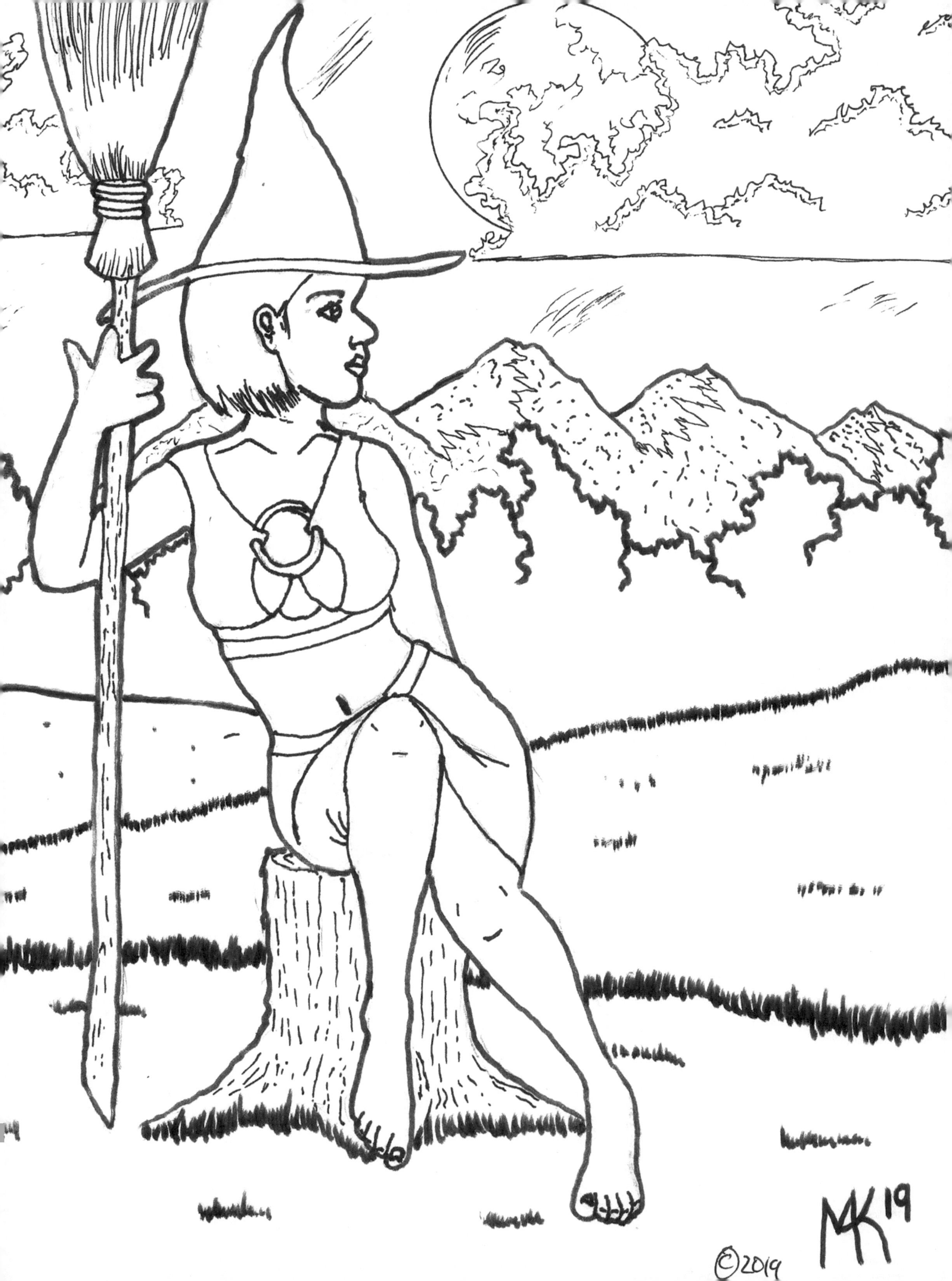

MK 19
©2019

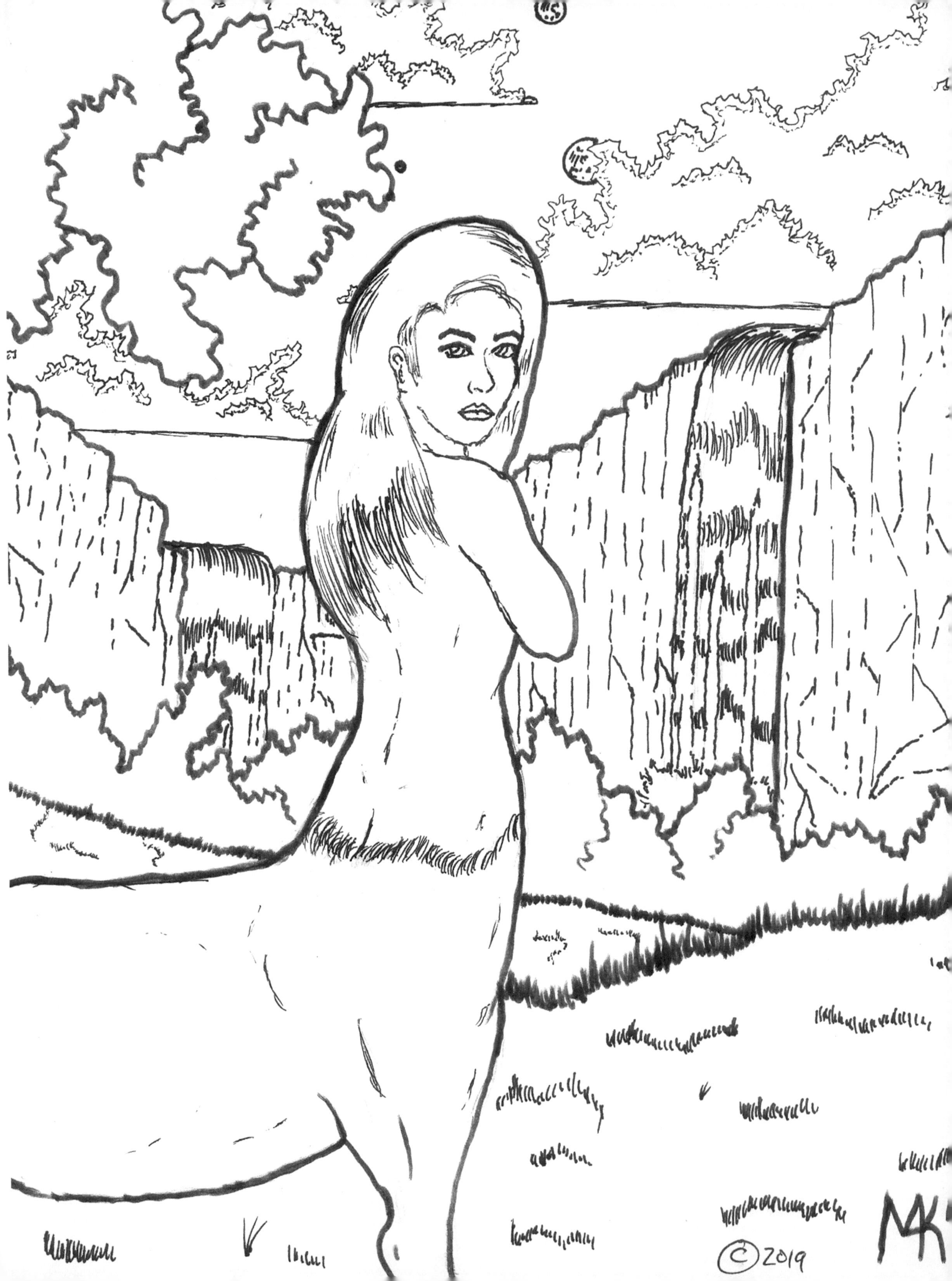
©2019
MK

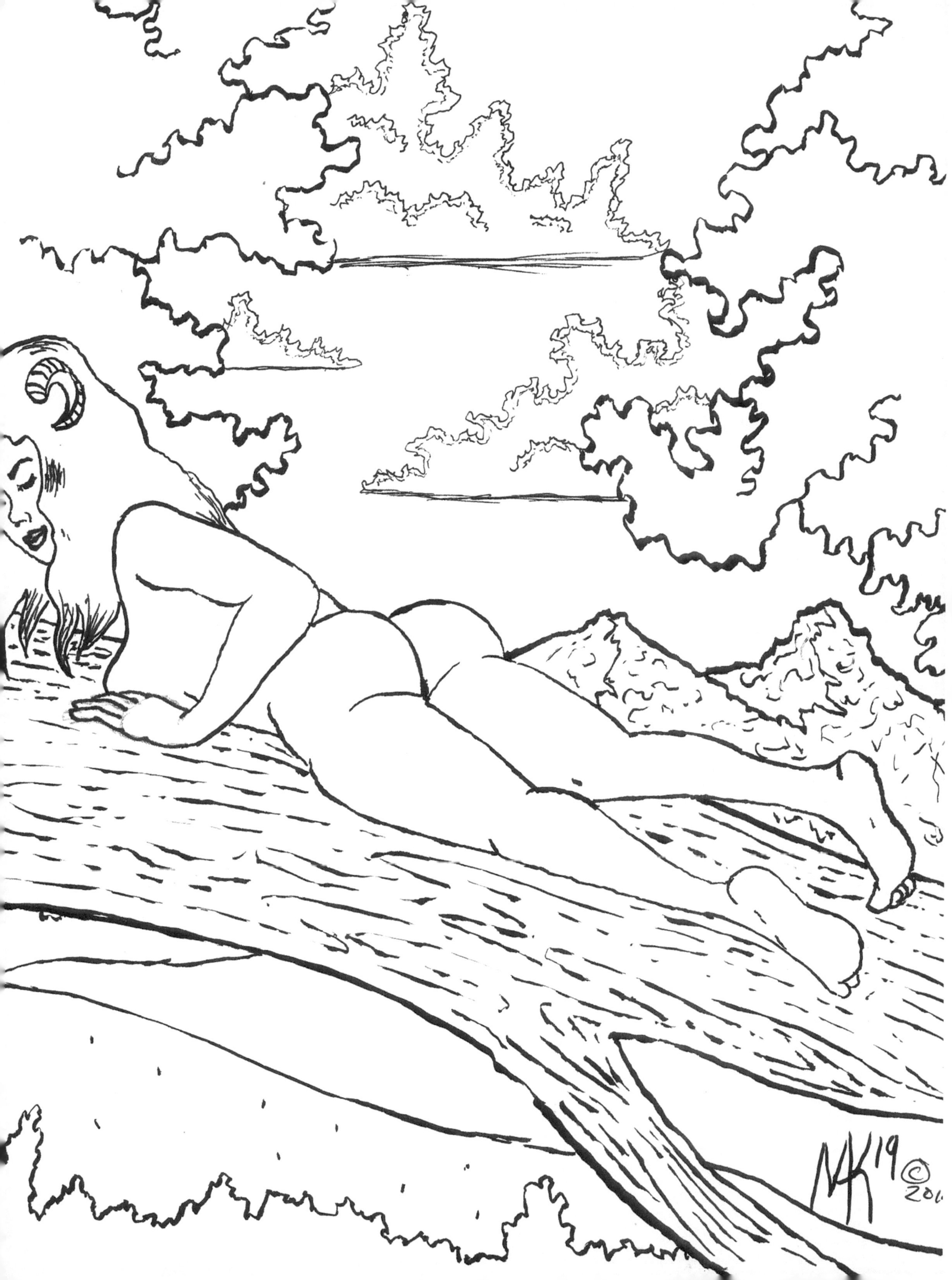

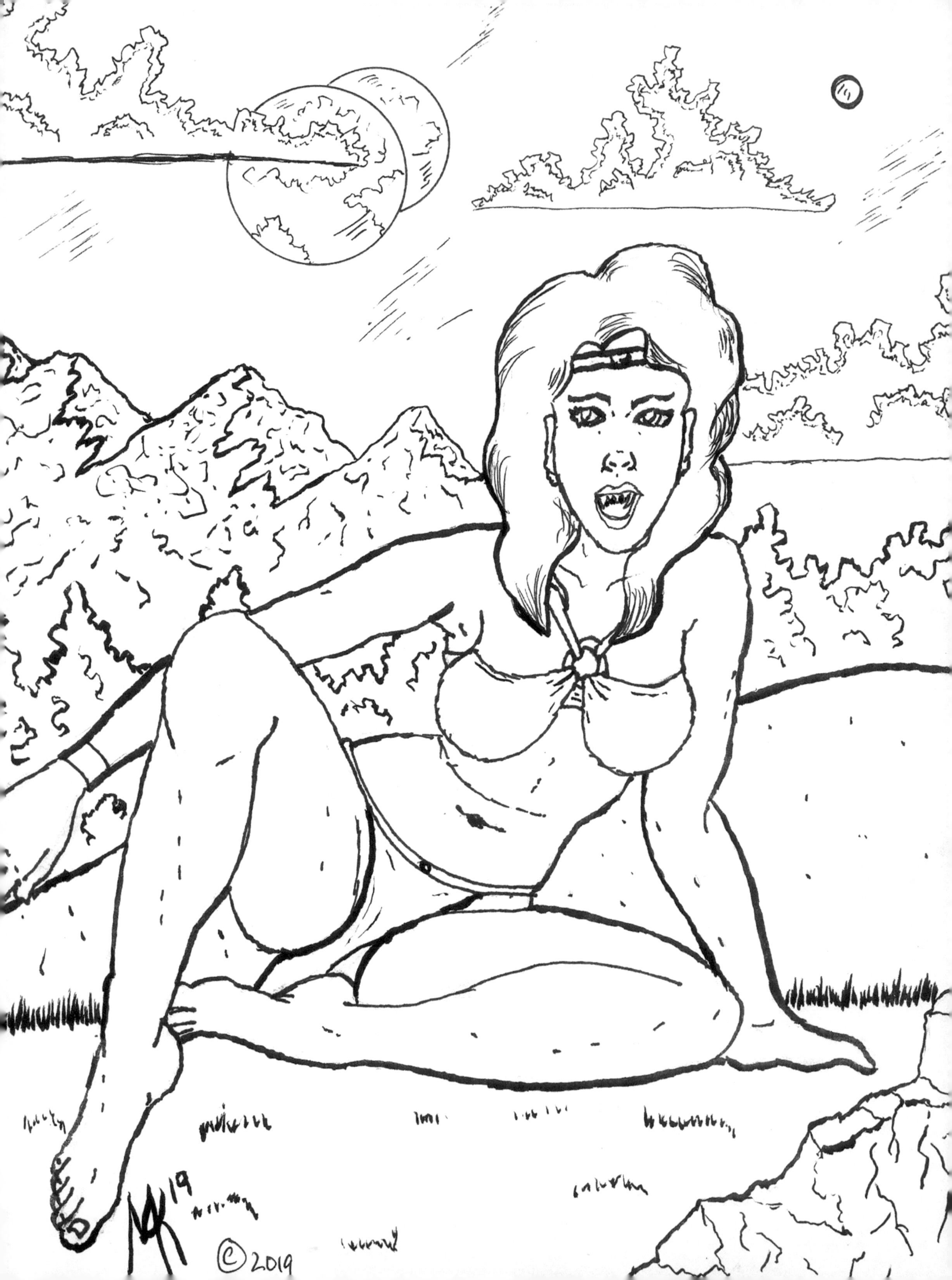
© 2019

www.ingramcontent.com/pod-product-compliance
Lightning Source LLC
Chambersburg PA
CBHW042126030726
47599CB00002B/359